Jürgen Breuer

Bligger II. von Steinach
Der Dichter des Nibelungenliedes

Jürgen Breuer

Bligger II. von Steinach
Der Dichter des Nibelungenliedes

Herausgeber:
Heimat- und Verkehrsverein Neckarsteinach

Geiger-Verlag, Horb am Neckar

Titelbild:
Bligger von Steinach diktiert seinem Schreiber den „Umbehang", das Nibelungenlied.

Umschlagrückseite:
Handschrift C – die Anfangsstrophen des Nibelungenlieds in der Handschrift C, der höfisch perfekten Form, die sich am Wormser Raum orientiert.

Bildnachweis:
Fotos Anton Rendier
Spießstraße 1
67547 Worms

© Alle Rechte am Text des Buches liegen beim Verfasser:
Dr. Jürgen Breuer
Richard-Knies-Straße 41
67550 Worms-Herrnsheim

Herausgeber:
Heimat- und Verkehrsverein Neckarsteinach

ISBN 3-89570-627-2
Alle sonstigen Rechte bei
Geiger-Verlag, 72160 Horb am Neckar
1. Auflage 1999
GD 2988 10 99 BB
Gesamtherstellung: Geigerdruck GmbH, 72160 Horb am Neckar

Inhaltsverzeichnis

I.	Das Vorwort, ein Wort zur Forschungslage	9
II.	Die drei besonderen Eigenschaften des Ritters Bligger II. von Steinach	14
III.	Der seltsame Name Bligger und seine Variationen im Spiegel von fünf Jahrhunderten	20
IV.	Die Bligger-Familie: Königinnen und Heilige der karolingischen Vorzeit	26
V.	Bliggers Vorfahren im Reichsdienst Karls des Großen	39
VI.	Die politischen Aufgaben der Bligger-Familie nach Karl dem Großen	44
VII.	Das Reichenauer Verbrüderungsbuch von 830: Spiegel der europäischen Macht des Bligger-Clans	47
VIII.	Die Nibelungen-Dynastie, die Stoffvorlage für Bliggers „Umbehang"	58
IX.	Volkers und Bliggers Fähigkeit: Die Bedeutung der *spaehen Rede* im Nibelungenlied	98
X.	Der Bischof von Passau und sein Schreiber Konrad	106
XI.	Literarische Begegnungen Dichters: Eine Würdigung des weisen Bliggers	113

Vorwort

Der Heimat- und Verkehrsverein freut sich, aus Anlaß seines 75jährigen Jubiläums im Jahre 2000 wieder eine Buch-Neuerscheinung zur Geschichte Nerckarsteinachs herausgeben zu können. In ihrem Buch „mit spaeher Rede" veröffentlichten 1995 der Wormser Historiker Dr. Dieter Breuer und sein Bruder, der Aachener Germanistikprofessor Dr. Dieter Breuer, ihre neusten Forschungen über das Nibelungenlied, in dem sie auch überzeugende Argumente für die Autorenschaft des Neckarsteinacher Minnesängers Bligger II. an der bekanntesten deutschen mittelalterlichen Dichtung darlegten. Die Gremien der Stadt Neckarsteinach, ihre Bürgerinnen und Bürger und ganz besonders unser Verein haben diese Forschungsergebnisse mit großem Interesse zur Kenntnis genommen und durch engen Kontakt mit Dr. Jürgen Breuer auch die weitere Entwicklung aufmerksam verfolgt. Als Mitglied der Wormser Nibelungenlied-Gesellschaft hat Dr. Breuer in zahlreichen Vorträgen immer wieder seine Aussage, daß der Neckarsteinacher Minnesänger der Autor des Nibelungenliedes ist, durch historische Quellen belegt. Außerdem ist es ihm gelungen, das Leben von Bligger II. über die bisher bekannten Angaben hinaus zu erhellen und auch die Geschichte seiner Vorfahren, die bisher völlig im Dunkeln lag, bis in die karolingische Zeit zurückzuverfolgen. Diese Geschichte Bliggers II. und seiner Familie ist Inhalt dieses Buches.

Die Drucklegung des Buches wurde in dankenswerter Weise vom Kreisausschuß des Kreises Bergstraße finanziell unterstützt.

Elisabeth Hinz
Vorsitzende des Heimat- und Verkehrsvereins Neckarsteinach

Neckarsteinach, im Oktober 1999

I. Das Vorwort, ein Wort zur Forschungslage

Um 1200 erschien im deutschen Sprachraum ein Epos, das 39 *Aventiuren*, Abenteuer, umfaßt und die Geschichte der Königsfamilie der Burgonden beschreibt. Residenz der drei Könige Gunther, Gernot und Giselher sowie ihrer schönen Schwester Kriemhild ist Worms, die Hauptstadt Burgunds.

Dieses Epos gab trotz eines relativ einfachen Handlungsgefüges der deutschen Forschung, vor allem der Germanistik, eine Vielfalt von Problemen auf: Einerseits war dort die Menge der Handschriften wahrzunehmen, andererseits blieb der Autor anonym.

Die Entstehungszeit um 1200 ist schwer genauer zu präzisieren. Ermittelbare historische Bezüge, innerliterarische chronologische Relationen und die Reimtechnik ergeben einen Rahmen von 1180–1210. Der heutige Titel des anonym überlieferten Werkes entspricht dem Schlußvers in einer Handschriftengruppen: *daz ist der Nibelunge liet.* Die Betonung des Burgondenuntergangs *daz ist der Nibelunge nôt* oder die im Spätmittelalter auftauchende thematisch treffende Benennung *buch Chrimhilden* haben sich nicht durchgesetzt. Der Verfasser des Nibelungenliedes bleibt, der Konvention der Heldendichtung entsprechend, ungenannt.[1]

Außerdem entstand aus der Romantik heraus unter dem Dach einer national orientierten Germanistik im 19.

Jahrhundert die Tendenz, die Untersuchung des sprachlichen Kunstwerkes auf die deutsche Philologie zu begrenzen. Die Idee der dichtenden und schaffenden Volksseele ließ die Germanistik sich auf Sprachgeschichte, Textkritik und Mythologie beschränken. Unter der Pflege von Schülern Lachmanns gelangte die Philologie als Textkritik zur höchsten Blüte. Man verlor sich in Einzelfragen, wenn auch in dem mit ungewöhnlicher Leidenschaft geführten Nibelungenstreit, dessen Führer Karl Müllenhoff, Franz Pfeiffer und Karl Bartsch waren, sich unter den vorgetragenen Kleinigkeiten der Kampf um die Freiheit der Forschung austobte.[2]

Seit der deutschen Nationenbildung 1871 war andererseits das Nibelungenlied auch als Feld politischer Ambitionen verfügbar. Die politische Gebrauchskonstellationen für das Nibelungenlied wechselten im 19. Jahrhundert von fortschrittlich-republikanisch zu reaktionär-königstreu und setzten sich dann über den Ersten Weltkrieg und dessen Bewältigung in den Nationalsozialismus fort. Reichskanzler von Bülow prägte 1909 den Ausdruck der *Nibelungentreue;* Paul von Hindenburg verglich Deutschlands Niederlage mit Siegfrieds Ermordung; Hermann Göring berief sich 1943 auf den *Kampf der Nibelungen.* Die romantischen Ansätze und die Orientierung der Germanistik in der wilhelminischen Zeit zum Norden hin haben bis zum heutigen Tag einen irrationalen Zyklus von Sagen geschaffen, die dem Nibelungenlied und seiner zeitgenössischen Rezeption nicht gerecht werden. Sigurd ist nicht Siegfried und Högni nicht Hagen.

Vom Nibelungenlied angeregte Nach- und Neudichtungen bilden einen besonderen Rezeptionsstrang (Raupach 1834, Geibel 1861, Hebbel 1862), der auf das Verständnis des Nibelungenlieds zurückgewirkt hat. Das gilt bis heute vor allem für die überwiegend aus nordischen Quellen gespeiste neue Mythisierung des Stoffes in Richard Wagners *Ring des Nibelungen* (1863).

Wir wählen in diesem Band den Weg des Historikers zurück zu den Quellen: Die Betrachtung des Reichs der Franken unter der Dynastie der Merowinger, der Karolinger, der Salier und schließlich des staufischen Königshofs in Worms ermöglicht es, ganz schlicht und einfach den Begriff der Nibelungen und der Burgonden historisch plausibel zu machen. Im Zugriff des Historikers auf die Urkunden und Chroniken enthüllt sich auch die Identität des genialen Dichters, der als Anonymus Worms zum Zentrum des Reiches der Burgondenkönige machte.

Die Aussage dieses Buches stellt sich nicht unbedingt gegen die umfangreiche germanistische Forschung der vergangenen 150 Jahre, doch wird kompromißlos die Entmythologisierung des nationalen Heldenepos der Deutschen auf der sicheren Basis der Urkundenüberlieferung betrieben. Bei der Beschäftigung mit Bligger II. von Steinach hat sich herausstellt, daß dieser der Autor eines umfassenden epischen Werkes war; er stand zudem in der Tradition der französischen Troubadourkunst; seine Vorfahren und er selbst hielten ständig familiären und politischem Kontakt zu den historischen Nibelungen, so der Befund unserer Urkunden. Unsere Aussage, daß Bligger II. von Steinach der Verfasser des Nibelungenlieds ist, fügt sich übrigens in historisch orientierte Voruntersuchungen zur Dichterlandschaft ein, wie sie z.B. Joachim Bumke in seiner Darstellung der Gönner unserer Dichter beschrieben hat.[3]

Es erscheint für 1937 verständlich, für 1999 aber unglaublich, daß die Interpreten des Nibelungenliedes in ihrer Forschung bisher die Arbeit des französischen Forschers Levillain über die historischen Nibelungen nicht wahrgenommen haben[4], obwohl die Abkömmlinge dieser Dynastie nicht nur politisch zu den Königen von Burgund wurden, sondern auch die literarischen Könige ihrer Zeit waren.[5] Von daher erscheint es dringlich, den anonymen Dichter als Bewunderer gerade dieser Dynastie zu präsentieren.

Wagners Ring des Nibelungen mit seiner Orientierung zum Norden steckt in den Köpfen der Deutschen, enthält aber keine fundierte Aussage zum Nibelungenlied, dessen Verfasser hierher in die Wormser Region gehört. Wir schätzen Wagners Oper, verurteilen aber die Tendenz der germanistischen Fachwelt, sich an diesem Bühnenspiel fachlich zu orientieren. Unsere Gestalten des 9. Jahrhunderts, Graf Nibelung von Burgund und sein Vicomte Bligger, sind historische Größen, keine Figuren theatralischer Fiktion eines nationalistisch fühlenden Deutschlands. Die Nachfahren, der Schatzmeister Nibelung und sein Verwandter, der Dichter Bligger II. von Steinach, haben Ende des 12. Jahrhunderts das Nibelungenlied als Geschichte der Könige von Burgund verstanden. Ihr Einblick in die Geschichte der herrschenden Dynastie hat sich aus der reichspolitischen Qualität ihrer Persönlichkeit ergeben.

Nun noch eine kleine Erklärung zur Begrifflichkeit:

Die historischen Burgunder werden auch als Burgunder bezeichnet; hingegen nennen wir wie der Dichter die Liedgestalten *Burgonden.*

II. Die drei besonderen Eigenschaften des Ritters Bligger II. von Steinach

Bligger II. von Steinach, ein adeliger Burgherr des Hochmittelalters im Neckartal, galt bereits zu seinen Lebzeiten seinen Zeitgenossen als Idealgestalt des hochmittelalterlichen Rittertums.

Dieses Ansehen verdankte Bligger drei besonderen Eigenschaften:

Politisch stand er der herrschenden Dynastie der Staufer so nahe, daß er in mehreren Urkunden des Kaisers Friedrich Barbarossa und in vielen Zeugnissen von dessen Sohn Kaiser Heinrich VI. persönlich genannt wurde; dies war völlig unüblich für die Gefolgsleute, die kein Grafentitel schmückte und die nicht der hohen Geistlichkeit angehörten. Ähnlich wie sein Bekannter Friedrich von Hausen war Bligger in den Kaiserhof der Staufer persönlich eingeführt und hatte somit direkte Kontakte zu den geistlichen und weltlichten Würdenträgern des Reiches. Bliggers Einfluß auf den Hof wuchs nach dem Tode Friedrich Barbarossas und dem Regierungsantritt von dessen Sohn Heinrich VI. noch erheblich, er unterzeichnete die Kaiserurkunden zusammen mit den Grafen von Leiningen, von Hohenberg, von Zweibrücken, dem Burggrafen von Nürnberg, den Grafen von Kastell und den einflußreichen Reichsministerialen wie den Herren von Bolanden. Vater

Bligger I. gilt als der Stifter des später pfalzgräflichen Klosters Schönau und dessen Bruder Konrad, Bliggers Onkel, hatte 21 Jahre lang (1150–1171) das Wormser Bischofsamt inne.

Von seinem Geblütsrecht her erscheint Bligger II. ebenfalls als Ritter ohne Fehl und Tadel Er war hochfreier Abkunft, ein sogenannter *Homo liber*, und unterschied sich hierdurch von den sogenannten Ministerialen, die im Kirchen- und Reichsdienst standen. Diese Freiheit war im Hochmittelalter von der Geburt her gegeben, sie wurde von den Fürsten, den Grafen, Herzögen und Königen akzeptiert und beruhte auf uralten Familienrechten, die teilweise bis in die Zeit Karls des Großen und seiner Vorfahren zurückreichen. Die Ausübung dieser Freiheit als Ritter am Kaiserhof verlangte natürlich auch eine entsprechende Besitzausstattung und die Inhabe von Burgenrechten, über die Bligger II. und seine Vorfahren verfügt haben.

Die dritte Qualität Bliggers II. aber war in einer Zeit, als es um den Ausbau der staufischen Weltherrschaft ging, die im Untergang endete, sein literarischer Ruhm. Außer den drei Gedichten, die uns in der „Manesse" überliefert sind, hat Bligger II. ein großes Epos verfaßt, das die zeitgenössischen Dichter Gottfried von Straßburg und Rudolf von Ems zur Bewunderung veranlaßt hat. Gottfried meint, daß Bligger auf dem Dichterolymp neben Hartmann von Aue und Heinrich von Veldeke stehen müsse, weil er in seinem „*Umbehang*" auf sprachlicher und gedanklicher Weise Staunenswertes leiste. Ein „*Umbehang*" ist im Hochmittelalter ein Wandteppich, wie z.B. der berühmte Teppich von Bayeux, der auf 70 Metern Länge die

Eroberung Englands durch die Normannen kunstvoll darstellt. Bligger war somit der Autor eines solchen Bilderbuchs, in Aventiuren gegliedert, das sich dem geschichtlichen Geschehen widmete, und das, wie es Rudolf von Ems in seinem Alexanderroman (V. 3205-3218) ausgedrückt hat, alle Dichter dieser Welt nicht mehr vollbringen könnten.

Jedoch galt bisher Bliggers episches Werk, der „*Umbehanc*", als verschollen; nur als Minnesänger wurde Bligger beachtet, obwohl jene drei Gedichte in der Manessischen Handschrift weniger dem Minnesang als der politische Spruchdichtung zugehören.

Alle drei überlieferten Bligger-Texte befassen sich in einer Art philosophischen Diskussion mit ritterlichen und höfischen Positionen des Adels, mit den Tugenden und Untugenden. Im ersten Gedicht *Mîn alte swaer*e geht es um den Neid (*den nîde*), vor dem Bligger sich und seinen Stand bewahrt wissen will. Im zweiten Lied wird die Schöne am Rhein, *die schoene bî dem Rîne* angesprochen, bei der er – Bligger – leider nicht weilen kann und die ihm so lieb ist wie die Stadt Damaskus dem heidnischen Sultan Saladin, der der wichtigste und erfolgreichste Gegner der Kreuzfahrer war: 1174, im Todesjahr des Königs Amalrich I. von Jerusalem, besetzte Saladin Damaskus.[6] Den Namen Amalrichs benutzt Hagen im Nibelungenlied auf Anraten der Meerfrauen an der Donau, um den Fährmann zur Überfahrt herbeizulocken (B 1545, 1549). Das dritte überlieferte Lied Bliggers handelt über die politische Härte, die die *staete* als Herrschaftstugend gefährdet. Bligger verkündet eine politische Zielsetzung, die zur Aussage des Nibelungenuntergangs paßt: Wer ohne Barmherzigkeit ein gutes Ziel verfolgt und dabei schamlos ist, dem fügt die Härte sehr schnell großen Schaden und ewige Schmach zu (*swer âne milte guotes pfligt und dâ bî âne schame, den wirfet si* (die Härte) *in vil swinder art in einen schaden und in ein êwig laster*). Die *milte* als Tugend der Herrschenden wird von Bligger gefordert, doch im höfischen System nicht mehr vorgefunden; sie ist durch die *herte* ersetzt, die zur ewigen Verurteilung führt. Bliggers politische Spruchdichtung entfaltet somit ein Programm, das die Herrschenden in der Form eines Forderungskatalogs an die Tugenden zu binden versucht, ein Anspruch, der im hohen Mittelalter nur auf der Basis der Gleichrangigkeit der Abkunft eben mit jenen Herrschenden gestellt werden durfte. Somit scheint Bliggers dritter Text die Inhalte des Nibelungenlieds zu interpretieren und kritisch zu beleuchten, denn die literarischen Liedgestalten erscheinen bis auf wenige Ausnahmen wie Rüdiger oder Rumolt auf die Umsetzung dieser Härte (*herte*) programmiert, vor allem Hagen und Volker, aber auch schon vorher Siegfried sowie die Herrinnen (*frouwen*) des Hofes, Kriemhild und später Brunhild.

Da sein großes Epos als verloren gilt, hat der Ehrenbürger des idyllischen Städtchens Neckarsteinach, Bligger II., als Politiker und Dichter in der Öffentlichkeit des 20. Jahrhunderts wenig Beachtung gefunden und ist nur in seiner Zeit die Kultgestalt eines Ritters gewesen. Die Hinterburg als „Stammburg" der Steinacher ist ein beliebtes Ausflugsziel der zahlreichen Gäste, die die Vierburgenstadt vor allem im Sommer gerne per Schiff, Bahn oder

Auto von Heidelberg aus besuchen. Die Ritteraura setzt sich fort, denn außer den Burgen besucht der Gast gern die spätgotische evangelische Kirche mit reizvollen Grabmalen, z.B. das des Landschad Ulrich V. von Steinach, der nach seinem Tode 1369 durchaus grimmig und lebendig auf seinem Schwert gestützt, neben sich den Davidskopf, vor sich das Steinacher Harfenwappen, dem Besucher die Wehrhaftigkeit seiner Familie verkündet.

Die dreifache Qualität des Adeligen, hochedler Abkunft zu sein, als Ritter über großen politischen Einfluß zu verfügen und als Dichter die höfische Welt zu beeindrucken, rechtfertigt die reizvolle Aufgabe, die Familie Bliggers II. und ihre Vorfahren näher in Augenschein zu nehmen. Auch Kaiser Heinrich VI. war Dichter, und seine Lieder sind in der Manesse aufgezeichnet. Die Vor- und Nachfahren des Kaisers hat die Geschichtsschreibung erschlossen, dessen literarisches Werk wird mehr am Rande erwähnt, obwohl die königliche Zuwendung zur Dichtung am Hof gerade das Faszinierende darstellt, weil hier das Merkmal poetischer Hochkultur sich mit der Machtpolitik der staufischen Dynastie paarte.

Die politische Bedeutung Bliggers von Steinach im ausgehenden 12. Jahrhundert kann sich natürlich nicht mit der der herrschenden Dynastien vergleichen, sie darf jedoch nicht unterschätzt werden, denn die obersten Herrn wurden vom Anspruch der Literatur ebenso erfaßt wie ihre Lehnsleute. Umgekehrt hat gerade die dichterische Tätigkeit die Fürstenhöfe beeindruckt, wie dies beispielhaft am Wirken Walthers von der Vogelweide sichtbar wird, dessen Herkunft wir bis heute nicht kennen, dessen politische Dichtung uns aber die Auseinandersetzung um das Wohl des Reichs eindrucksvoll präsentiert.

Bligger von Steinach hatte bessere Voraussetzungen als Walther: Sein bedeutendstes Werk, der „*Umbehang*", von seinen Zeitgenossen hochgelobt, scheint zwar auf den ersten Blick nicht überliefert. Aber die Herkunft und die Bedeutung seiner Familie im Wormser Raum sind relativ gut urkundlich belegt; schon der seltene ungewöhnliche Name reizt zu Nachforschungen, woher diese Familie des höheren Adels denn eigentlich stammt und wie sie zu dem großen Einfluß auf den Wormser Bischofssitz und den staufischen Königshof gelangte. In unserem Fall lohnt es sich tatsächlich, ein wenig Ahnenforschung zu betreiben, weil die Eigentümlichkeit des Namens und die politischen Gruppierungen um die Vorfahren unseres Bliggers uns weit zurück in die fränkische Geschichte führen. Ein solcher Rückblick kann natürlich nicht in der Weise der heute üblichen Genealogie stattfinden, die Geburts- und Sterbedatum mit Vor- und Nachnamen voraussetzt, sondern wir müssen uns mit dem Verband der Großfamilie begnügen, deren Mitglieder den Namen Bligger in dieser oder verwandten Schreibung tragen, da Nachnamen oder Beinamen vor 1200 die Ausnahme sind. Dennoch zeigt sich die Familienforschung im Falle unseres Ritters Bligger von Steinach als überraschend ergiebig, weil er uns auf die Spuren des rätselhaften Epos, des „*Umbehangs*" führt, das die Dichter seiner Zeit zum Staunen brachte.

III. Der seltsame Name Bligger und seine Variationen im Spiegel von fünf Jahrhunderten

Der in Chroniken und Urkunden überlieferte Lautstand des Namens *Bligger* gibt wichtige Hinweise zur Klärung der Abkunft Bliggers von Steinach, da Träger dieses Namens in enger Verbindung zu den Reichsklöstern Lorsch und Fulda standen und in einer Reihe verschieden alter Urkunden als Schenker oder Unterzeichner genannt sind. Dabei weicht die Schreibweise des Namens in Varianten voneinander ab.

Eine Urkunde des Klosters Lorsch von 951 zeigt die Form *Blitger* und enspricht hiermit der häufigsten Schreibweise, wie sie in den ca. 150 Jahre früher ausgestellten Urkunden des Klosters Fulda gebräuchlich war. Eine der ältesten Urkunden von 771 bietet hingegen den Lautstand *Blicker* bzw. *Bliker*, im Jahr 773 heißt es *Blicger*; 805 verzeichnet der Lorscher Codex ähnlich wie für die ältesten Urkunden die Namensvariante *Blicger* bzw. *Blicker*. Die Schreibung *Bligger* verwendet schließlich der Autor der Lorscher Chronik[7], als er die Schenkungsurkunde aus dem Jahr 1165 zitiert, in der die gesamte vom Besitzwechsel betroffene Sippe urkundete. Die Namensbildung von „*Bligger*" oder „*Blicker*" ist somit eine Verschleifung von *Blidger* und leitet sich nicht von „*blic*" = Glanz, Blitz ab, sondern von „*blide*" = Freude.[8] Die wohl früheste uns überlieferte Form des Namens lautet Blidegarius, ein hochadeliger Richter dieses Namens wohnte 693 dem merowingischen Königsgericht bei.[9]

Die Fülle der orthographischen Varianten des gleichen Namens ist nach Förstemann[10] nach den Sprachstämmen zu ordnen. Dabei verweist die zweite Stammsilbe des Bligger-Namens auf den Stamm „gar", das Wort hat die Bedeutung „Rüstung". Der 693 genannte Name *Blide-Garius* hat in etwa eine Entsprechung im Namen *Frede-Garius*, aber auch im Namen *Garo-Man* oder *Garo-Wart*. Die Stammsilbe *Gar* hat sich dann im Mittelhochdeutschen zu *Ger* gewandelt, wie dies die Entwicklung zu *Gerbertus* aus *Garbertus* beispielhaft zeigt.[11] Auch die so geläufigen Namen wie *Gerhard* und *Gerold* sind auf die alte Stammsilbe *Gar* zurückzuführen.

Die Verwendung dieser beiden Stammsilben des Namens *Bligger*, nämliche *blide* und *gar*, verweist im Namenssystem der Merowingerzeit auf die Namensgebung von Adelsfamilien, die ihren Nachkommen sowohl den Familiennamen väterlicherseits als auch mütterlicherseits zukommen lassen wollten.

Die Untersuchung des Lautstandes des *Bligger*-Namens, der sich aus Blidegarius entwickelt hat, sollte allerdings noch weitere Leitnamenentsprechungen im Wormser Raum einbeziehen, um den Großverband der Familie zu erfassen: So haben Persönlichkeiten mit den Namen *Bliddrut, Pliddrut, Blidhrut, Blihrud* oder *Blidgart* bzw. *Blidhilt, Blidilo* (Blödel), *Bliding, Blidman, Blidmot, Blidolf, Blidrat, Blidvar, Blidwin*[12], die im Wormser Raum als Schenker oder deren Mitunterzeichner im Text der

Fuldaer und Lorscher Urkunden erwähnt werden, sicher verwandtschaftliche Beziehungen untereinander bzw. gemeinsame Vorfahren. Der Lorscher Codex ergänzt diese Namengruppe noch mit *Bilifried, Biligart, Bilihilt, Bilitrud*.[13]

Schließlich ist noch eine weitere Namensvariante ist in diesen Personenkreis einzubeziehen, obwohl sie zunächst klanglich abweicht, nämlich der Name „Plectrude". Eine Schenkungsurkunde des *Ardrad*, Sohnes der *Plectrude* zugunsten des burgundischen Klosters Flavigny aus dem Jahr 878 wird von *Blitgerius* unterzeichnet.[14] Die sich hier andeutende Verwandtschaft, geschlossen aus der Namensbeziehung innerhalb derselben Urkunde, führt uns zurück zu Gattin des Karolingers Pippin des Mittleren mit Namen *Plektrude*, die zu Beginn des 8. Jahrhunderts durch ihre Förderung des Klosters Echternach bekannt wurde. Plektrude, lateinisch *Plectrudis*, unterzeichnete die Schenkungsurkunde von 714 mit der Namensvariante *Blittrudis* und wird im Text der Urkunde durchgehend als *Blittrudis* bezeichnet[15].

Bliggers Name und sein edelfreier Stand geben somit Auskunft über die Vorfahren. Wir haben es mit dem den Historikern bekannten Phänomen zu tun, daß durch die Nachbenennungen – unabhängig von verschiedenen Schreibungen – die Strukturen der Familien sichtbar werden, die mit weiteren Familien des karolingischen Adelsverbandes die Ausbreitung der pippinidischen bzw. karolingischen Herrschaft betrieben haben. Der Zugriff der Karolinger auf die Herrschaftsräume Europas bedingte die Aufgaben der dem Königshaus nahestehenden Familien in den neu besetzten oder zu besetzenden Räumen. Nur die Mitglieder der karolingischen Aristokratie waren im 8. und 9. Jahrhundert imstande, umfassende Landschenkungen an die Reichsklöster wie Fulda und Lorsch beurkunden zu lassen. Bliggers Vorfahren reihen sich schon ein Jahrhundert früher in die Politik der karolingischen Klosterstiftungen ein, sind aber auch an den Gütervergaben zugunsten Lorsch und Fulda maßgeblich beteiligt.

Sie gehörten somit väterlicherseits und mütterlicherseits zur karolingischen Reichsaristokratie. Ein Blick auf die Schenkungsurkunden zugunsten der Reichsklöster Fulda und Lorsch ist lohnend und eröffnet weitere Perspektiven: In einer Urkunde des Alberich zugunsten des Klosters Fulda aus dem Jahr 803 findet sich ein Bligger *(Blidger)* in der Zeugenliste,[16] ebenso in einer weiteren von 807, in der auch Hagen *(Hagining)* vor Bligger *(Blidger)* in der Zeugenliste erscheint.[17] Bligger *(Blidger)* unterzeichnet auch eine Urkunde ohne Datum, in der ein Gut aus Dienheim (bei Oppenheim) dem Kloster Fulda überlassen wird.[18] 819 bezeugt er die Schenkung einer Gertrude zugunsten Fuldas: Der Name Bligger *(Blidger)* steht hinter den beiden Urkundenden Folcmar und Amalrich.[19] Schließlich unterzeichnet Bligger *(Blidger)* 824 vor Dietrich *(Theoderich)* und Herrat *(Herirat)* die Schenkung eines Gutes durch Dieter *(Theotger)*.[20]

Im Lorscher Codex wird der Leitname Bligger noch deutlicher für verschiedene Zeitebenen faßbar. Die älteste Schenkungs-urkunde, die „donatio Blikeri", zugunsten von Kloster Lorsch stammt aus dem Jahr 771.[21] Zwei Jahre später, 773, bestätigte Berolf die Schenkung im Speyergau für das Seelenheil seines Onkels Bligger (Blicger). Ein Nachfahre dieses Bligger unterzeichnete zur Zeit Konrads des Roten – dies ist der Schwiegersohn Ottos des Großen, der 955 auf dem Lechfeld gegen die Ungarn gefallen ist und im Wormser Dom begraben wurde – in dessen Grafschaft im Jahr 951 die Schenkung eines Adalhard in „*Sahsenheim*".[22] Jener Bligger *(Blitger)* erinnert an die fast 200 Jahre jüngere Urkunde des Bischofs Gunther von Speyer, betreffend Güter in Hausen und Michelbuch (Odenwald), die die „*liberi*", die Hochfreien Ernst von Sachsenheim (*Ernest von Sahsenheim*) und dessen Bruder Bligger von Steinach (*Bliggerus de Steinahe*) unterzeichneten.[23] Die Vorfahren der edelfreien Familie Bliggers – urkundlich bis vor die Zeit Karls des Großen zurückzuverfolgen – hatten in dem Gebiet des heutigen Lützelsachsen, Großsachsen bzw. Hohensachsen an der Bergstraße Besitzungen und standen schon von daher dem Kloster Lorsch sehr nahe.

Das Bild der Urkundenlage verlangt eine Erklärung, weshalb der Familienverband der Vorfahren Bliggers von Steinach in der Lage war, sich derart umfassend an den Schenkungen für die voneinander weit entfernt liegenden Reichsklöster Lorsch und Fulda zu beteiligen. Der hierfür notwendige umfassende Landbesitz mußte bei der Ausbreitung der karolingischen Vorherrschaft ja erst einmal erworben worden sein. Es stellt sich daher die Frage nach der Position der Familie im Adelsverbands der Karolinger, dann der Ottonen, schließlich der Salier und der Staufer. Die oben genannte älteste Urkunde mit der Nennung des Bligger (*Blidegarius*) bei der Gerichtssitzung des Jahres

693 gibt einen ersten Hinweis darauf, daß die Familie in den zur Königsmacht aufstrebenden Verband der Pippiniden einbezogen war und im 8. Jahrhundert vom Metzer Raum aus den Wormsgau zumindest mitbesetzt hat.

IV. Die Bligger-Familie: Könige und Heilige der karolingischen Vorzeit

Die Darstellung der Namensvarianten und ihre Herkunft deutet auf einen Familienverband, der kontinuierlich in der fränkischen Reichsgeschichte wirksam wurde. Deshalb erstaunt nicht, daß von der Überlieferung Träger des Bligger-Namens schon sehr früh als verantwortlich für die Entstehung der Karolingerdynastie überhaupt verantwortlich genannt werden. Schon kurz nach der Kaiserkrönung Karls des Großen 800 entstand – vermutlich in Metz – eine Aufzeichnung über die Vorfahren Karls. Diese gilt als erste Herrschaftsgenealogie des christlichen Mittelalters.[24] Der unbekannte Verfasser verfolgt die männliche Ahnenreihe Karls zurück bis zu einem römischen Senator Ansbert, der die Tochter des Frankenkönigs Chlothar namens Blidhild geehelicht und mit ihr vier Kinder gehabt habe: Neben Modericus, Feriolus und Tarsica wird als Sohn Arnold genannt, der der Vater des Bischofs Arnulf von Metz ist, von dem schließlich nach 5 weiteren Generationen Karl der Große abstammt.

Die Metzer Genealogie wurde im 9. Jahrhundert öffentlich sehr wirksam, denn sie verbindet in genialer Form die für die Zeit Karls des Großen gültigen politischen Elemente der Familienabkunft: Das herrschende Haus der Franken hat einerseits seinen Ursprung in dem römischen Element (Senator Ansbert), zweitens im fränkischen Königtum (Merowingertochter Blidhild). Dem Historiker als

Zeitgenossen der Karolinger geht es um die sagenhafte Verklärung der Abkunft dieser Dynastie, deren Herrschaftsanspruch nach dem Griff zur Königsmacht im Jahr 751 nunmehr auch genealogisch fundamentiert werden soll. So wurde mit der Herleitung der angeblichen Stammutter der Karolinger *Blidhild* als Tochter König Chlothars I. (511–561) die offizielle – aber wohl im heutigen Verständnis historisch nicht nachweisbare – Lehre verbreitet, daß die Karolinger in weiblicher Linie von den Merowingern abstammten und 751 in Anbetracht dieser Blutsverwandtschaft berechtigt den Königsthron der Franken eingenommen hätten. Hinkmar von Reims übernahm im Bericht über die Krönung des Karolingers Karls des Kahlen in Metz (869) ganz offiziell die Version, daß König Karl der Kahle von Karl dem Großen, dieser aber über Arnulf von Metz in direkter Linie vom Reichsgründer Chlodwig, dem ersten getauften Frankenkönig, abstamme.

Diese Herleitung der Dynastie durch Hinkmar und vorher durch den Anonymus verkündet das politische Programm, das in Reims und in Metz den Herrschaftsanspruchs der ehemaligen Hausmeier und jetzigen Könige bekräftigt. Es galt seit Pippin, Karls des Großen Vater, gegenüber den Reichsteilen die Legitimität der Dynastie historisch nachzuweisen. Damit ist aber auch die Bedeutung des Familienverbands der Blidhilde und seine Einordnung in die höchstmögliche Adelsgruppe der Karolinger wahrscheinlich geworden und öffentlich sichtbar gemacht.

Es gibt darüber hinaus weitere Hinweise, daß die Vorfahren Bliggers aus der führenden Adelsschicht des Raums zwischen Metz und Verdun entstammen, der als Ursprung und Zentrale des karolingischen Herrschaftsausbaus zu gelten hat. „Ein behutsamer Rückblick, bei dem die primären Herkunftsbereiche der Vorfahren Karls des Großen ermittelt werden sollen, hat von den ältesten uns überlieferten sicheren Zeugenissen einer landschaftlichen Verwurzelung auszugehen. Dabei führen uns die Quellen für Arnulf nach Metz, wo er und nachher auch sein Sohn Chlodulf Bischöfe waren, bzw. in die Umgebung dieser Stadt, vornehmlich die westlich bis fast nach Verdun sich erstreckenden Bereiche. Seit dem ausgehenden 7. Jahrhundert, d.h. seit dem Beginn der urkundlichen Überlieferung aus jenen Landstrichen, ist dort karolingisches Besitztum bezeugt."[25] Genau in diesem Raum, dem Machtzentrum der Karolinger, entschied sich der Kampf gegen die Merowinger-Königin Brunhildes, deren Sturz durch Initiative Arnulfs und Pippins (*factione Arnulfi et Pippini vel ceterorum procerum*)[26] bewirkt wurde.

Trotz des Rückschlags für den Familienverband der Karolinger, der durch die Hinrichtung des Pippiniden Grimoalds in Paris 662 eintrat, wurde der Herrschaftsraum dieser Familie um Metz nie ernsthaft gefährdet; nach Karl Martells Beseitigung der neustrischen Sonderherrschaft von Reganfred und seinem König Chilperich II. weitete sich der Herrschaftsraum auf das gesamte Frankenreich aus. Das Bistum Metz blieb die eigentliche Basis des karolingischen Herrschaftsverständnisses.

Daher kommt der Gründung des Klosters Gorze 749 durch den Bischof und späteren Erzbischof Chrodegang von Metz eine ebenso große Bedeutung für den karolingischen Herrschaftsausbau zu wie der ebenfalls durch Chrodegang vollzogenen Gründung des Klosters Lorsch. Im Urkundenbestand von Gorze findet sich ein wichtiger Hinweis auf unsere Familie: Im Jahr 771 vollzog Bligger (*Blitharius*) eine Schenkung von Gütern in der Region Verdun zugunsten Gorze, als er zusammen mit seiner Gattin Ratsindane, seinem Vater Walter (*Waltharius*), und seinen Brüdern Alpher (*Alpacrius*) und Berengar (*Berengarius*) sein Testament unterzeichnete, das der Mönch Adalharius ausstellte.[27] Diese Urkunde führt in den engeren Familienverband ein, der zu den Herrschaftsträgern der Pippiniden zu zählen ist:

Der Name der Gattin des Bligger (*Blitharius*) „Ratsinda" macht auf die am 6.5.775 durch Ra(t)bertus ausgestellte Schenkungsurkunde für Gorze aufmerksam, die neben Walter (*Waltharius*) auch Bligger (*Blitharius*) bezeugt[28]. Dies kann bei gleichem Schenkungsziel nur auf die Verwandtschaft zurückzuführen sein, die durch die Ehe des Bligger (*Blitharius*) mit Ratsinda entstanden ist.

Bei der Erfassung der Familie der Ratsinde und des Ratbert hilft die Nennung von Ratberts Vater Flo(re)bert weiter, der als Inhaber des Lütticher Bistums seinem Vater Hugobert nachfolgte (727).[29] Dieser Hugobert, dessen Namen in unserer Urkunde mit dem Zeugen Hugobold wieder anklingt, ist als Seneschall 693/94 und als Pfalzgraf 697 bezeugt.[30] Er ist der Gemahl Irminas von Oeren und der Vater der Plektrudis, der Gattin Pippins des Mittleren. Diese frühe Teilhabe der Vorfahren des Bligger am Herrschafts- und Familienverband der Karolinger wird aus eben derselben Urkunde Chlodwigs III. ersichtlich, die 693 den Seneschall Hugobert benennt.[31] Denn vor Hugobert und nach der Aufzählung der Bischöfe ist unter den *inlustribus viris* Bligger (*Blidegarius*) verzeichnet. Diese Urkunde benennt einen großen Teil des hochadeligen Personenverbands, der die Durchsetzung der Reichsgewalt unter Pippin dem Mittleren unterstützte.[32] Darunter befindet sich der Vorsitzende des Gerichts Nordbert, der um 700 Bischof von Clermont wurde, und Gripo, Bischof in Rouen, dessen Namensgleichheit mit einem Karolinger der übernächsten Generation seine Verwandtschaft zur Familie Pippins vermuten läßt;[33] ebenso wichtig erscheint die Zugehörigkeit eines Hagen (*Chagnericus*, Vorform von Hagen), Siegfried (*Sigofridos*) und Gibich (*Ghiboino*) zur Adelsgesellschaft des Gerichts, das über die Rechte des Amelrich (*Amalricus*) zu befinden hatte.

Die Urkunden Pippins des Mittleren und seiner Gattin lassen ebenfalls keinen Zweifel an der Familienzugehörigkeit Plektrudes und des Bligger (*Blitgarius*) zum gleichen Familienverband; so wurde die Übertragung des Klosters Susteren (an der Maas) im März 714 an den angelsächsischen Mönch Willibrod als Rechtsgeschäft der hochadeligen Herrin Blittrude, der Tochter des Hugobert (*inlustris matrona Blittrudis, filia Huogoberti*) durchgeführt; den entsprechenden Besitz hatte Blittrude alias Plektrude von Alberich und Haderich (*Alberico et Haderico*) erworben.[34] Das Zusammenspiel von Nibelungenliednamen mit denen der Vorfahren des vermuteten Dichters Bligger ist somit zu etwa der gleichen Zeit schon vorhanden, als sich der Aufstieg der Pippiniden anbahnte und der Stammvater der historischen Nibelungen Hildebrand (*Childebrand*) als Sohn Pippins des Mittleren bereits als Graf in Burgund und als karolingisch orientierter Geschichtsschreiber existierte.

Der familiäre Zusammenhang des Blitharius mit Plektrude wird auch besitzgeschichtlich bestätigt: Der gemeinschaftliche Besitz von Plektrude, ihren Schwestern Bertrada der Älteren, Adela von Pfalzel und Chrodelind sowie von deren Nachkommen Heribert (Graf von Laon), Alberich, Haderich und Theoderich in Blittersdorf, Auersmacher und Saargemünd ist durch die Schenkungen an Echternach, Susteren und Prüm (721) nachgewiesen.[35] Dabei gibt die Fälschung einer Karlsurkunde zugunsten von St. Denis von 782 genauere Auskunft über den Namen Blittersdorf: Die Bestätigung Karls erfolgte für den Besitz von St.Denis mit dem Landgut des Bligger überhalb der Flüsse Sauer und Blies mit allem Zubehör und den Hörigen, die seine Vorfahren und er und gute Menschen an das Kloster geschenkt haben (*cum Blithario villa super fluvium Saroa et Blesa cum rebus et mancipiis ubi et ubi commanentibus et pertinentibus vel quicquid in ipsis pagis tenere et possidere videtur ex donatione nostra et aliorum regum vel bonorum hominum.*[36]) Blittersdorf hat seinen Namen vom Vorfahren der Plektrude bzw. Blittrude namens Bligger (*Blitharius*) erhalten.

Bedenkt man schließlich, daß die Gründung des Klosters Weißenburg von einem an der oberen Saar bei Saargemünd beheimateten Familienkreis vorgetragen wurde, zu dem auch der Onkel Irminas von Oeren, der Herzog Theotarius und dessen Sohn Theodardus gehörten, dann kam dieser Besitzkomplex um Blittersdorf durch die Ehe Pippins des Mittleren mit Plektrude an die Pippiniden; dabei wir haben in Hugobert und Bligger (*Blidgarius*) besitzrechtlich die Mitbegründer der karolingischen Macht zu sehen: „Pippin der Mittere bewies bei seiner Ehewahl einen ausgeprägten Sinn für die Stärkung der besitzmäßigen Grundlage seines Hauses. Er wählte Plektrud, eine Tochter des in der Trierer und in der mittelmosélländischen Geschichte so hervorstechend wichtigen Seneschalls Hugobert und seiner Gemahlin Irmina, der Stifterin der Abtei Echternach und nach dem Tode ihres Gemahls selbst Äbtissin des Klosters Oeren bei Trier, zur Gemahlin. Damit aber erwarb er sich und seinen Nachkommen große Teile des Besitzes dieser Familie hinzu und legte den Grundstock für jenen karolingischen Mittelmosel-Güterkomplex, der lange Zeit überhaupt als die Wiege des karolingischen Geschlechtes betrachtet wurde."[37]

Unter Pippins Sohn Karl Martell, Halbbruder des burgundischen Grafen Hildebrand, werden im Verlauf der Auseinandersetzung mit der Sippe seiner Stiefmutter Plektrude nochmals die Familienbeziehungen deutlich: Graf Hildebrand von Burgund berichtet: „Einige Zeit später starb der kranke dux Pippin, nachdem er das Volk der Franken 27 Jahre regiert hatte. Er hinterließ seinen Sohn Karl. Nach seinem Tode aber lenkte die vorhin genannte Frau Plektrudis alles durch ihren Rat und ihre Herrschaft. (…) In diesen Tagen wurde der dux Karl, der von der vorhin genannten Frau Plektrudis in Gewahrsam gehalten wurde, mit Gottes Hilfe befreit."[38] Der Kampf Plektrudes um die Vormacht ihrer direkten Nachkommen scheiterte schon 715 bei Compiègne, sie gab ihre politischen Ambitionen nach dem Sieg Karl Martells 717 bei Vichy über die Neustrier auf und stiftete daraufhin den Kölner Konvent von St.Maria im Kapitol.[39]

Wir begegnen dem Namen Plektrude bzw. Beletrude nochmals in der Schilderung der Taten Karls durch Hildebrand: „In der Folgezeit, als der Kreis eines Jahres verstrichen war, bot er ein riesiges Heer auf, überquerte den Rhein und suchte die Alamannen und die Sueben heim; er gelangte dabei bis an die Donau, überschritt sie und besetzte das Gebiet der Bajuwaren. Als er jene Gegend unterworfen hatte, kehrte er mit vielen Schätzen und mit einer vornehmen Frau namens Beletrudis und ihrer Nichte Sunnihildis zurück." Betrachtet man nun die Sippe der sog. Aigilolfinger in der genannten Zeitperiode, dann wurde die Autonomie Bayerns nach dem Tod Herzogs Theodo (717) durch die Erbteilung zwischen Theodos Sohn Grimoald und dessen Neffen Hukbert durch deren gegenseitige Feindschaft gefährdet.[41] Denn der Heereszug Karls sorgte durch die dynastische Anbindung auf der Ebene der Ehe mit Swanahild (= Sunnihildis) für die Zuordnung Bayerns zum fränkischen Reich. Gleichzeitig macht aber gerade der Namensbestand der bayerischen Großen das Ziel der Militäraktion Karls in den Jahren 725 und 728 deutlich, denn die fränkischen Leitnamen Grimold und Blittrude im Zusammenhang mit Hukbert sind der Familie von Karls Stiefmutter Plektrude zuzuordnen, deren Machtpositionen es zu bekämpfen galt. Es ging Karl Martell wohl in erster Linie darum, die Positionen des fränkischen Reiches wieder zu besetzen, die sein Vater Pippin der Mittlere durch die Ehe mit Plektrude erworben hatte, die aber nach dessen Tod und der unklaren Nachfolgeregelung gefährdet waren.

Jedenfalls weisen die Namen Grimold, Blittrude, Hukbert auf das Verfahren Pippins zurück, die Machtpositionen fremder Herzogtümer mit eigenen Anverwandten zu infiltrieren. Insgesamt reicht die fränkische Einflußnahme auf die Führungsdynastie Bayerns bis zu dem ersten uns bekannten Herzogs (*dux*) in Bayern, Garibald, zurück, dem Chlothar I. nach 555 die Witwe König Theudebalds von Austrasien, Waltrada, zur Frau gab.[42] Garibald und sein Sohn Grimold wurden 590 von Childebert II. abgesetzt, das Dukat ging aber an Mitglieder derselben Familie: „Das Verwandschaftsverhältnis des von Childebert II. neueingesetzten *dux Tassilo* zur Gruppe *Charivald/Garibald* nebst Kindern *Grimoald, Gundoald, Theudelinde* wird in den Quellen nicht präzisiert. Aber Tassilos Sohn heißt wie der erste Agilolfinger-*dux Garibald* (Paulus Diac. IV 39, S.133). Der später begegnende *dux Theudo* und seine Söhne *Theudebert* und *Theudolt* (= *Theudoald, Theutbald*) haben den Namensbestandteil *Theud-* wie *Theudelinde*, und der dritte Sohn Theudos heißt wieder *Grimoald*, wie Theudelindes Bruder. Ein Enkel Theudos ist *Hucbert*, doch scheint mir sein Name über jene nachweislich fränkische Dame und bairische Herzogin *Beletrud/Plektrud* ins bairische Herzoghaus gekommen zu sein, die namensgleich ist mit der Gattin Pippins II., in deren Haus *Hugobert/Hucbert* bekanntlich Leitname ist."[43]

Kommt man, das Familienbild der Vorfahren Bliggers

von Steinach in der ältesten Zeit deutend, nochmals auf die erste zeitgenössische Karolingergenealogie zurück, die in Ansbert und Blithilt, Tochter Chlothars I. (511–561), die Anfänge der karolingischen Dynastie sah, dann läßt sich nunmehr die Abkunft von den Merowingern in weiblicher Linie nicht ausschließen, allerdings auch nicht bestätigen. Festzustellen ist, daß der Enkel Brunhilds, König Theudebert, Bilichilde zur Gemahlin nahm, „die Brunhilde einst von Händlern gekauft hatte".[44] Über die Abkunft Bilichildes sagt Fredegar nichts aus, wohl aber lobt er ihre politischen Fähigkeiten: „Diese Bilichilde war sehr tüchtig und wurde von allen Austrasiern sehr verehrt, weil sie die Erfolglosigkeit Theudeberts mit Würde ertrug; sie fühlte sich Brunhilde keineswegs unterlegen und zeigte Brunhilde im Gegenteil bei ihren Gesandtschaften immer wieder ihre Verachtung, während ihr von dieser (hingegen) vorgehalten wurde, daß sie einst ihre Magd gewesen sei."[45] Wir finden hier historisch sehr früh das Motiv des Königinnenstreits vor; dabei überrascht Fredegars Abwertung des Merowingerkönigs und die Gleichgewichtung von Brunhilde und Bilichilde trotz des Altersunterschieds (Brunhilde ist die Großmutter von Theudebert) und des zeitweisen Standesunterschiedes. Der Streit der Frauen wurde 610 durch Theudebert auf recht eigentümliche Art beendet, indem er nämlich seine Gattin ermorden ließ.[46]

Der positiven Bewertung der Königin Bilichildis durch den sog. Fredegar entspricht die von Ansbert: Ein Graf (*comes*) Ansbert unterzeichnete 702 ein Tauschurkunde, ausgestellt von Pippin dem Mittleren und seiner Gattin Plektrude.[47] Fast gleichzeitig, im Jahr 704, wird der Name

Ansbert in einer Urkunde Childeberts III. in den Heiligenkult einbezogen.[48] Von jenem Heiligen Ansbert ist ein Figurengedicht auf den hl. Audoenus erhalten.[49] Die offizielle Festlegung in der Genealogie auf die Figuren Blithild und Ansgar scheint somit bereits sehr früh, nämlich zur Zeit Pippins des Mittleren und Plektrudes vollzogen worden sein. Wie die Rückbesinnung auf jene Zeit des Königinnenstreits wirkt die Formulierung einer Urkunde Pippins des Mittleren aus dem Jahre 697, die Plektrude als „meine Gattin Brunhild" (*uxor mea Brunihelda*) benennt[50].

Der Name der Bilichildis wurde innerhalb der Familie weitergegeben. Die Gründung des Klosters Altmünster am Zaybach wird der heiligen Bilhildis (*Bilihildis*), Nichte des Mainzer Bischofs Sigibert und Witwe des Thüringerherzogs Hetan, zugeschrieben[51]. „Eigenkirchenherren von Altmünster dürften die mächtigen ‚Haganonen' gewesen sein, die um Hahnheim (Hagenheim) an der Selz ein Zentrum ihrer umfassenden Grundherrschaft besaßen."[52] Diese Heilige Bilhildis stammte nach der Sage aus Veitshöchheim bei Würzburg. Die Stiftungsurkunde der Bilhildis für Altmünster ist auf 635 zurückgefälscht, ihre Heiligenvita wurde im gleichen Zeitraum wirksam wie die Genealogie der Karolinger, nämlich im 9. Jahrhundert, in dem Bilhildes kultische Verehrung bezeugt ist.[53] Die Gründersippe der Hagenonen verfügte im Odenwald über umfangreiche Besitzkomplexe, die sie nicht nur dem Kloster Altmünster oder Hagenmünster in Mainz zur Verfügung stellte; sie waren auch an den Schenkungen zugunsten von Lorsch beteiligt und mit den Rupertinern als Gründersippe verwandt.⁵⁴ Im Güterverzeichnis von Altmünster aus dem 12. Jahrhundert findet sich u.a. der Ort Eschborn, von dem aus 9 Unzen für das Seelenheil der Äbtissin Sophia gegeben werden sollen. Von derselben Ortschaft Eschborn machten Hainbert alias Hagenbert und seine Frau Blittrud 787 eine umfangreiche Schenkung zugunsten des Klosters Lorsch.⁵⁵ Es hat somit zu dieser Zeit eine Eheverbindung zwischen den Hagenonen und der Bligger-Familie gegeben. Die Äbtissin Sophia, für deren Seelenheil gesorgt wurde, ist im übrigen eine Tochter aus der Ehe des Pfalzgrafen Ezzo mit Mathilde, der Schwester Ottos III.

Wir halten fest: Die Bligger-Familie gehörte bereits zum Ende des 7. Jahrhunderts und über das 8. Jahrhundert hinweg zum Familienverband der Pippiniden, sie war in deren Stammregionen um Metz und Verdun sowie im Moselgebiet begütert, verfügte aber auch ebenso wie die Nachkommen der Familie des Hagen schon zur Zeit der Merowingerherrschaft über umfassenden Besitz im Rhein-Main-Gebiet und im Odenwald. Die Bliggerfamilie war wegen ihrer hochadeligen Abkunft ebenfalls zur Eheschließung mit den führenden Adelsgeschlechtern befähigt. In der legendenhaften Geschichtsschreibung des 9. Jahrhunderts gelten die Frauengestalten dieser Familie als Königinnen und Heilige. Auch die als Gründerin von Altmünster in Mainz verehrte Bilhildis wird als Witwe des Thüringer-Herzogs Hetan bezeichnet, sie soll sich aus religiösen Gründen an den Hof des Mainzer Bischofs Sigibert (oder Rigibert) zurückgezogen und die Gründung des Klosters durch die Hagen-Familie angeregt haben.⁵⁶

Aus der Missionszeit und der Eingliederung Thüringens in den fränkischen Herrschaftsraum nach dem Jahr 531[57] haben sich wohl auch die Besitzkomplexe der Bligger-Familie im Raum des Odenwaldes und des Wormser Raums ergeben.

V. Bliggers Vorfahren im Reichsdienst Karls des Großen

Entsprechend ihrer Abkunft vom karolingischen Adel traten Angehörige der Bligger-Familie im 8. und 9. Jahrhundert in bedeutsamen politischen Funktionen zugunsten der karolingischen Dynastie auf. Auch für diesen Familienverband gilt wie für andere, die zur Zeit der Karolingerherrschaft in zweiter Reihe standen, daß die individuelle Beschreibung der Familiengeschichte im Sinne einer Genealogie auf der Basis von Urkunden und Chroniken unmöglich ist. Dennoch wird der Familienverband der Bligger und ihrer Anverwandten erfaßbar:

Zum einen ermöglicht die fränkische Reichskirchenpolitik unter Karl dem Großen und seinen Nachfolgern, auf der Basis der Urkunden und der Chroniken der Reichsklöster den Reichsadel zu benennen, der sich durch seine Schenkungen z.B. an die Klöster Fulda oder Lorsch namentlich als Großgrundbesitzer identifiziert. Die fränkische Expansion und die damit verbundene Kirchenpolitik hat die Bligger-Familie von Anbeginn mitgetragen. Begonnen hatte mit diesem Programm die Gemahlin Pippins des Mittleren Plektrudis bzw. Blittrudis durch die Schenkungen an Kloster Echternach bzw. an Kloster Susteren an der Maas zugunsten des Reformers Willibrord[58].

In ähnlicher Weise unterstützte die Familie im 8. Jahrhundert die Ausstattung des Klosters Weißenburg im Elsaß[59], noch umfassender beteiligte sie sich an den Stiftungen der Adelsfamilien zugunsten des Klosters Gorze bei Metz, Murbach im Elsaß, Lorsch bei Worms und Fulda in Hessen. Dabei lassen sich mehrere Güterkomplexe festlegen, von denen aus die Schenkungen der Familienzweige erfolgen konnten. So verweist das Testament des Bligger (*Blitcharius*) zugunsten des Klosters Gorze aus dem Jahr 769 auf die Grafschaft Verdun, in der sich Güter der Familie in Brauville (*Berulfi villas*) befanden[60]; auf dieselbe Grafschaft Verdun bezieht sich die Schenkung eines Bligger (*Blitharius*), der nicht mit dem vorgenannten identisch ist, den Ort Maizeray betreffend.[61] Von der Besitzstruktur und dem Schenkungsziel her haben wir die beiden Bligger aber zu derselben Großfamilie zu zählen.

Bei diesen Familienschenkungen ist weniger die Besitzstruktur als vielmehr die exponierte Position der Vorfahren Bliggers beim Beitrag für die Klostergründung unter Chrodegang von Metz bedeutsam. Chrodegang, bereits 741 Referendar Karl Martells, 742 Bischof von Metz, 753 Gesandter Pippins III. an Papst Stefan II, 754 als Nachfolger des Bonifatius Erzbischof und Metropolit von Austrasien, zählte zu den einflußreichsten Persönlichkeiten im engeren Königshof. Seine Stiftung von Gorze 749 und die Gründung von Lorsch 765 sind seine wichtigsten Leistung für die Sicherung der Herrschaft der Karolinger und der sie umgebenden Familien. Mönche aus Gorze besiedelten Lorsch, die im Metzer Raum begüterten Adelsfamilien treten auch als Schenker für Lorsch auf.

So verkauften bereits ein Jahr nach der Gründung Blidhild und Gauzrot Güter in Monsheim oder Monzernheim an Lorsch[62], 767 schenkt Blifrid Gut in Glattheim an

Lorsch[63], 769 schenken Rudwin und seine Gattin Plihtrud Güter in Reilsheim bei Heidelberg an Lorsch.[64] Es folgen Blidolf mit einer Schenkung in Saulheim im Jahr 771[65], im selben Jahr Bligger mit Gut in Eisesheim bei Neckarsulm[66], Plidroch und seine Frau Blitrud ebenfalls mit Gütern in Neckarsulm[67] und schließlich 773 Berolf mit einer Schenkung in Böchingen bei Landau im Speyergau zum Seelenheil seines Onkels Bligger (*Blicger*).[68] Diese letzte Schenkung ist deshalb besonders interessant, weil der Zusammenhang mit dem oben genannten Testament Bliggers (*Blicharii*) in Brauville, der *villa Berulfi*, zugunsten des Klosters Gorze deutlich wird. Berulf gehörte zu Bliggers Familienverband; der Ortname der Gorzer Schenkung ergibt sich von den Vorfahren her; außerdem ist er ebenso im Speyergau begütert, wie andere Angehörige der Bligger-Großfamilie im Wormsgau. Die Herkunft dieser Adelsfamilie aus dem Raum Verdun – Metz bestätigt sich wiederum.

Unter den frühen Schenkungen zugunsten des Klosters Lorsch seien hier noch zwei weitere genannt, zunächst die von Gütern in Odenheim im Kraichgau durch Volker und seine Gattin Blidhild im Jahr 776[69]. Drei Jahre später zeigt der Schwiegervater Karls des Großen, Graf Gerold, durch eine Schenkung zugunsten von Lorsch im selbigen Ort Odenheim, daß auch von seiner Seite Familienbeziehungen zur Bliggersippe bestanden haben.[70] Bezieht man die große Schenkung Gerolds und seiner Gattin Emma zugunsten des Lorscher Klosters am 1.7.784, Güter in Eich, Mettenheim und Osthofen bei Worms, Bergheim bei Heidelberg, Planckstadt sowie von Ortschaften bei

Sickingen und Bruchsal betreffend, mit ein[71], dann zeigt sich, wie systematisch das Reichskloster aus den Familienverbänden um Karl den Großen gestützt wurde.

Mit der Schenkung des Bligger (*Blicger*) und seiner Frau Wolfburg von Gütern in Dorfelden (bei Bad Vilbel)[72] bestätigt sich, daß sich die Besitzanteile der Großfamilie von Bliggers Vorfahren, mit denen sie sich in Lorsch einbrachten, vorwiegend im Main-Rhein-Neckarraum gelegen haben. Dabei wird aber die Position der Familie im Metzer Raum keineswegs aufgegeben, wie spätere Urkunden zugunsten von Gorze zeigen.[73]

Die Beziehungen der Bligger-Familie zur Abtei Fulda, durch Bonifatius am 12.3.744 gegründet, entwickelten sich erst relativ spät und nicht so intensiv wie zur Reichsabtei Lorsch. Zwei Schenkungen des Jahres 771 und 773 von Gütern in Pfeddersheim und Roxheim bei Worms unterzeichnete auch Blidtrut, im zweiten Fall als Gattin des Rotbold (wahrscheinlich Ratbold).[74] Dies bleiben aber die beiden einzigen Schenkungen vor der Erreichung der Immunität der Abtei gegenüber dem Erzbischof Lul von Mainz (754–786). Nach Erreichung des Status des Reichsklosters, von dem aus die Karolinger seit 777 die Sachsenmission betreiben, werden die Schenkungen der Bligger-Großfamilie häufiger: Biligart und ihr Sohn schenkten Güter in Heppenheim an der Wiese und in Mainz an das Kloster Fulda[75], im Jahr 800 schenkte die Gott geweihte Blidtrud Güter in Ülversheim an dieses Kloster.[76] In den Folgejahren, von 803 bis 824, bezeugt ein Bligger (*Blidger*) Schenkungen seiner Verwandtschaft in Boppard, Neidlingen, Dienheim, Rosdorf und in der Nähe Fuldas an das

Kloster.⁷⁷ Anscheinend hatte die Familie im Raum um Fulda selbst wenig besitzrechtlichen Rückhalt.

Der Familienverband um den Namen Bligger hat sich somit massiv am Ausbau der Klöster Gorze und Lorsch beteiligte und damit die Herrschaftssicherung der ersten karolingischen Könige unterstützte. Im Rahmen des Reichskirchenprogramms von Erzbischof Chrodegang und dessen Bruder Gundeland – Abt in Gorze und Lorsch – erleben wir die Bligger-Familie als Träger der karolingischen Ambitionen. Weniger deutlich, aber ebenfalls sichtbar, wird dies bei den elsässischen Abteien Weißenburg und Murbach sowie beim Ausbau der Reichsabtei Fulda. Die umfassenden besitzrechtlichen Ressourcen, die im Raum der Grafschaft Verdun und an Maas und Mosel sowie im Rhein-Main-Neckarraum reichlich vorhanden waren, ermöglichten diese umfangreichen Stiftungen.

VI. Die politischen Aufgaben der Bligger-Familie nach der Zeit Karls des Großen

Der Zeitraum nach der Begründung der Reichsklöster im Zuge der Expansion der Karolinger in Sachsen, Thüringen, Bayern, in der Ostmark und in Italien ist urkundenärmer als die Zeit der großen Schenkungen des karolingischen Sippenverbandes. Andererseits ist damit zu rechnen, daß die wichtigsten Adelsfamilien des karolingischen Herrschaftsverbands wenigsten sporadisch anhand von Urkunden und Chroniken zu erfassen sind. Dabei erweist sich aber gerade die nunmehr beginnende Regionalisierung der Burkundungen und der Geschichtsschreibung als Hindernis, die im Widerspruch zu dem karolingischen Verfahren steht, Mitglieder des eigenen Familien-Großverbandes in ganz Europa zur Sicherung der Herrschaft einzusetzen.

Die Mitglieder der Bligger-Großfamilie finden sich natürlich noch in den seltener werdenden Urkunden der Abteien Lorsch und Gorze als Mitunterzeichner von Schenkungs- oder Kaufurkunden.[78] Ihre politische Funktion läßt sich aber auch außerhalb erfassen: So trat Bligger (*Blitgarius*) als Vicomte (*Vicecomes*) und Richter unter dem Grafen Dietrich (*Thierry = Theoderich*) von Autun im Jahr 817 in Erscheinung, als es darum ging, einen gewissen Maurin wieder dem Dienst von Hildebrand II., dem Sohn des Grafen Nibelung, zu unterstellen.⁷⁹ Zunächst erscheint es überaus überraschend, Bligger (*Blidgarius*) in Burgund in einer ähnlichen Funktion vorzufinden, wie über 100 Jahre früher seinen Vorfahren am Merowingerhof. Dies läßt sich aber leicht mit der politischen Konzeption des karolingischen Hofes erklären, Herrschaft in allen Reichsräumen durch königliche Boten(*missi*) zu kontrollieren, deren Interessen teilweise – wie hier durch Bligger (*Blitgarius*) – von einem Vicomte (*vicecomes*) wahrgenommen wurden.⁸⁰ Die Position des Bligger (*Blitgarius*) in Autun als Vorsitzender des Gerichts weist ihn als Mitinhaber des Machtgefüges der Familie der historischen Nibelungen aus, deren Verbindungen zum Königshof einerseits hervorragend waren, die sich andererseits nach dem Tod Karls des Großen relativ rasch im Raum Burgund zu verselbständigen begannen, was schließlich nach dem Tod Karls des Kahlen zur Ausbildung mehrerer Teilkönigreiche in Burgund führte.

Der Raum um Autun in Burgund blieb ein Besitzschwerpunkt der Bligger-Familie. Dies zeigt eine Urkunde vom 2.2.878, durch die Plektrude (*Plectrudis*) zusammen mit ihrem Sohn Grislaud Güter im Avallonnais, Attuyer und Auxois an das Kloster Flavigny schenkte. Die Urkunde beweist im übrigen die Verwandtschaft von Plektrude und Bligger im Rahmen einer Großfamilie, denn sie wurde auch von Bligger (*Blitgerius*) unterzeichnet.⁸¹

Die hohe politische Bedeutung von Vertretern der Bliggerfamilie wird nochmals deutlich, als 863 ein Bligger (*Blitgarius*) als Gesandter Ludwigs des Deutschen zu Karl dem Kahlen reiste, um dort über die Behandlung von

Ludwigs Sohn Karlmann zu verhandeln[82], dessen Aufnahme am Hof Karls des Kahlen verhindert werden soll, somit ein hochpolitisches und familiäres Anliegen Ludwigs des Deutschen. Die Aufgabe für Bligger (*Blitgarius*) setzt höchstes Vertrauen seitens des ostfränkischen Königs voraus, sie verlangt dem Boten (*missus*) außerdem das entsprechende Fingerspitzengefühl gegenüber Karl ab, und – dieses Problem wurde wohl bisher wenig gesehen – die Mission setzt die Doppelsprachigkeit des Unterhändlers voraus. Wichtig erscheint in diesem Fall auch, daß der Botschafter Ludwigs von Karl angenommen wurde, so daß Karl der Kahle der Mission gefolgt zu sein scheint. Dieser Eindruck entspricht dem allgemein üblichen Erscheinungsbild der Boten (*missi*), die als hochadlige Mitglieder der weitreichenden königlichen Sippe, als *viri inlustri*, einzustufen sind.[83]

VII. Das Reichenauer Verbrüderungsbuch von 830: Spiegel der europäischen Macht des Bligger-Clans

Die Bedeutung der Bligger-Großfamilie im fränkischen Adelsverband zeigt sich in den Urkunden und Chroniken wegen der geringen Dichte der Zeugnisse nur punktuell, allerdings in exponierter Position.

Einen weiteren Einblick in die Einbindung unserer Familie in den fränkischen Adelsverband bietet das Namensmaterial des Verbrüderungsbuch der Abtei Reichenau, das – nach 825 verfaßt – eine Dokumentation der europäischen Dimension der karolingischen Kirchen- und Reichspolitik darstellt.[84] Die Schreiber haben hier die Mönchslisten von mehr als 50 Klöstern erfaßt, die durch Gebetsbrüderschaften miteinander verbunden waren. Dazu gehören auch die bereits genannten Klöster Gorze, Fulda, Lorsch, Weißenburg und Murbach, die Mönche von St. Germain-des-Prés und St. Denis werden ebenso genannt wie die der burgundischen Abtei Flavigny, der italienischen Abtei Nonantola oder die der Ostmark vorgelagerten Klöster Altaich, Mondsee, Salzburg.

In einer gesonderten Rubrik sind die Wohltäter des Klosters Reichenau verzeichnet, einerseits die nach 825 lebenden, andererseits die bereits Verstorbenen.

Die Möglichkeit, über die Verbrüderungsbücher den

gesamten karolingischen Reichsadel, sowohl den geistlichen als auch den weltlichen, erfassen zu können, wird durch das Verfahren der Schreiber getrübt, in der Regel nur den einfachen Namen in die Einordnungsrubrik – Mönchsname, gestorben oder lebend, Gönner, gestorben oder lebend – einzufügen, nicht aber das Schenkungsgut und nur begrenzt den Funktionstitel, z.B. König Graf, Bischof oder Abt. Ebenso fehlen weitgehend Jahreszahlen.

Dennoch ermöglichen die Verbrüderungsbücher, hier das von Reichenau, eine umfassende Aussage über die Verbreitung der adeligen Familienverbände und ihre Aktivitäten zugunsten der europäischen Klöster. Dabei nimmt die Bligger-Großfamilie eine sehr bedeutende Positon in ganz Europa ein, was ihre Präsens in den Mönchslisten beweist. Namen der Bligger-Familie werden für die Klöster Farense, Reichenau, St.Gallen, Mustair/Taufers, Leno, Altaich, Mattsee, Feuchtwangen, Fulda, Manglieu, Kempten, Murbach, Weißenburg, Ettenheimmünster, Schuttern, Gengenbach, Schwarzach, Lorsch, Münster im Gregoriental, Haslach, Suraburg, Gorze, Rebais, St.Faron-de-Meaux, St.Germain-des-Prés, St.Bibiano, Maursmünster und Hornbach aufgeführt. Dies trifft in ähnlicher Weise für andere Adelsfamilien zu, zeigt aber deutlich, daß innerhalb einer Gebetsbrüderschaft der europäische Machtbereich der karolingischen Adelssippen nach 825 sichtbar wird; dabei deuten die laufenden Ergänzungen der Bücher auf eine durchgehende Kommunikation zwischen den genannten Klöstern hin, die durch den Zusammenhalt der Familienverbände miteinander korrespondierten.

49

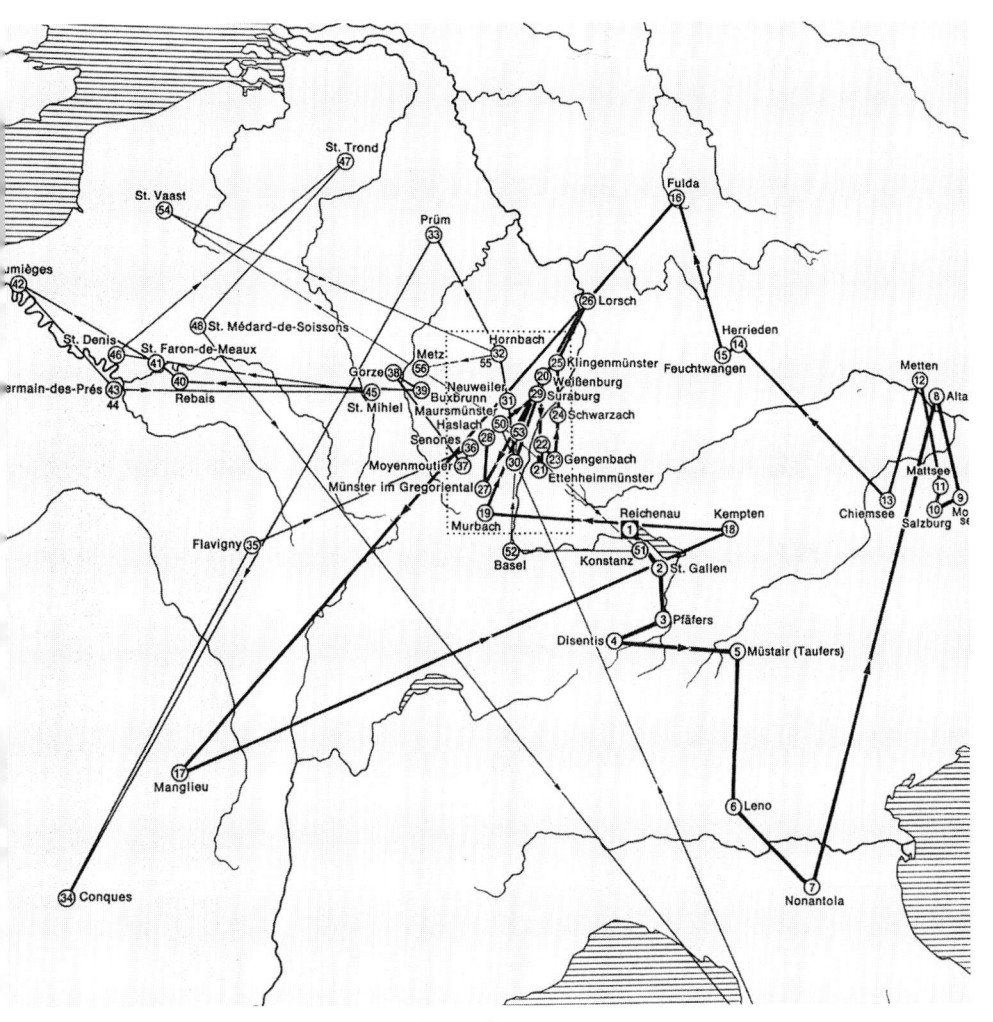

Karte der mit Reichenau verbundenen Klöster.

In der Häufigkeit der Nennungen der Bligger-Familie in den Mönchslisten des Reichenauer Verbrüderungsbuchs heben sich die Abteien Fulda (6malige Nennung) und St.Germain-des-Prés (8malige Nennung) besonders heraus und lassen auf eine sehr intensive Beziehung zu diesen Klöstern schließen. Für den ersten Fall – Fulda – erklärt sich dies durch die Teilnahme der Familie an der karolingischen Sachsenmission, die nach Bonifatius von Fulda aus unter Karl dem Großen intensiv betrieben wurde. Die Beziehung zu St.Germain-des-Prés ist allem Anschein nach älter und erklärt sich wahrscheinlich aus der Verbindung zwischen Autun und Paris, die bereits durch den Gründer des Klosters vorgegeben war, denn Bischof Germanus von Paris, geboren in Autun, wurde am 28.5.576 in der später nach ihm benannten Kirche beigesetzt. Die Kirche mit dem ursprünglichen Namen Sainte-Croix-et-Saint-Vincent war eine Nekropole der Merowinger und nahm den Großteil der Grabstätten der neustrischen Könige und eine große Zahl ihrer Verwandten auf. „So bezeugen es die Schriftquellen: Childebert I. (†584) und zweifellos seine Frau Ulthrogoto, Chilperich I., seine Frau Fredegunde († 618/619) und zwei, wenn nicht drei ihrer Söhne (Chlodwig, Merowech und vielleicht Theuderich), Chlothar II. († 629) und seine Frau Berthetrude, Childerich II. († 675), Bilichilde und ihr Sohn Dagobert."[85]

Der Merowingerkönig Childerich II und seine Gattin Bilichilde waren im Herbst 675 zusammen mit ihrem fünfjährigen Sohn Dagobert durch eine Verschwörergruppe ermordet und danach durch Audoin von Rouen nach Paris überführt und in St.Germain-des-Prés beigesetzt worden.[86] Zur Verschwörergruppe gehörte auch ein gewisser Graf Amalbert, Anhänger des feindlichen neustrischen Hausmeiers Ebroins, der entweder der gleichen Familie zugehört oder sogar mit dem Amalbert identisch ist, der im Februar 693 vor dem Gericht Chlodwigs III. beschuldigt wurde, sich unrechtmäßig das Erbgut eines Waisen angeeignet zu haben. Diese Urkunde ist von der Gerichtsbesetzung und vom Vorgang her sehr informativ.[87] Unter der Rubrik der Vornehmsten (*optimates*) findet sich nach dem Vertrauten Pippins II. und Vormund Nordbert auch Bligger (*Blidgarius*) als *vir inluster*, als Hochadeliger. Genannt ist weiterhin als Senneschalk der Schwiegervater Pippins und Vater der Plektrude Hugobert. Der Rechtsvorgang ist einfach dargestellt: Amalbert erschien nicht vor Gericht, er wurde vertreten durch seinen Sohn Amelrich, dies wurde jedoch vom Gericht mangels entsprechender Vollmacht zurückgewiesen, so daß das Verfahren zugunsten des Waisen und Nordbert entschieden und Amalbert ein Bußgeld auferlegt wurde. Der Prozeß ist damit als Mittel der Machtübernahme und der Ausschaltung der den Pippiniden feindlich gesonnenen Adelssippen zu verstehen, deren Widerstand Pippin nach seinem glanzvollen Sieg von Tetry-sur-Somme 687 über die Neustrier gerichtlich zu brechen verstand.[88]

Wenn wir 794 die Schenkung von Theodrade und ihrem Sohn Blitrich zugunsten von St.Germain-des-Prés im Urkundenbuch der Abtei einordnen, dann geschieht dies vor dem historischen Hintergrund, daß die Abtei die Grabstätte der königlichen Vorfahrin beherbergt. Drei

Jahre vor dieser Schenkung hatten die Boten (*missi*) Karls des Großen Acbert und Godebert gegen den Grafen Autbert entschieden, daß die Villa Marolles in der Region Melun, die vorher dem Grafen Hildebrand und seinem Sohn Nibelung gehört hatte, nunmehr dem Kloster St.Germain des Prés unter dem Abt Ratbert zustehe.[89] Bereits im November 786 hatte Karl der Große diese Güter in Worms dem Kloster St.Germain-des-Prés zugesprochen.

Die Bedeutung des Klosters St.Germain-des-Prés für die Bligger-Familie hat sich somit aus der Tradition der königlichen Vorfahren ergeben; die Beteiligung von Familienangehörigen auch an der Mönchsgesellschaft im 9. Jahrhundert erscheint somit durchaus plausibel.

Bevor wir auf die eigentümliche Verbindung der Bligger-Familie zur Nibelungenfamilie im fränkischen Adelsverband eingehen können, sind zusätzlich zu den Mönchslisten der europäischen Klöster des 9. Jahrhunderts die Verzeichnisse der lebenden oder verstorbenen Gönner des Klosters Reichenau heranzuziehen. Auch hier ist die Bliggerfamilie in vielfältigen Variationen vertreten. In der Liste der verstorbenen Wohltäter des Klosters ist der Blid-Name wie *Bliker, Blidgard, Blidmut, Piligart* usw. 32mal genannt, in der Liste der noch lebenden Wohltäter immerhin 18mal, insgesamt also ähnlich häufig wie die Namen Alberich oder Wolfhart.

Die Bligger-Familie ist an der Ausstattung des Klosters mithin umfassend beteiligt gewesen. Um 825 gehört sie zu den wichtigen Adelsfamilien sowohl in der Zentrale des Frankenreiches Paris als auch hier im Bodenseeraum, in dem gut ein Jahrhundert vorher der Missionar Pirmin, aus Südfrankreich kommend, Kloster Reichenau begründete (724).

Auch hier ergibt sich eine Beziehung zu den historischen Nibelungen einerseits und den Namen der Nibelungenliedfiguren andererseits. Neben den Mönchslisten geben vor allem die Verzeichnisse der noch lebenden und der bereits verstorbenen Förderer des Klosters Reichenau einen umfassenden – man ist versucht zu sagen: fast vollständigen Einblick in den fränkischen Reichsadel, der auf den ersten Blick in der Auflistung wenig strukturiert erscheint. Zwar werden Königs-, Königinnen- und Grafentitel genannt, ansonsten aber erscheint die Reihenfolge der Namensauflistung willkürlich. Doch gerade diese Namensabfolge, die zudem durch Einfügungen noch unübersichtlicher gemacht ist, verdeutlicht, daß für weitere Differenzierungen und Ergänzungen keine Notwendigkeit bestand. Es wurde entsprechend der Erkenntnis verfahren, die das Hildebrandslied für die Identität adeliger Personen formuliert:

ibu du mi enan sages, ik mi de odre uuet,
chind, in chunincriche: chûd ist mir al irmindeot.[90]

    Wenn du mir einen sagst, weiß ich den andern,
    Kind, im Königreich ist mir jeder bekannt.

Die Namen reichen somit aus, die verstorbenen und die noch lebenden Wohltäter des Klosters Reichenau zu identifizieren und zu gruppieren. Das Leitnamensystem ermöglicht es, die Familie zu identifizieren, der der Stifter entstammte.

Nun ist bei den adeligen Stiftern zugunsten des Klosters Reichenau nicht nur die sehr häufige Nennung und Beteiligung der Bligger-Familie auffällig; gleichzeitig muß man feststellen, daß 42 der 65 Namen, die im Nibelungenlied genannt sind, bei den verstorbenen und bei den noch lebenden Gönnern verzeichnet sind, und zwar großteils in mehrfacher oder vielfacher Nennung. So ist z.B. der Name Alberich im Verzeichnis der verstorbenen Gönner 27, im Verzeichnis der noch lebenden 11mal genannt, Dietrich, z.T. als Graf (*comes*) spezifiziert, erscheint in der Totenliste 11mal, bei den lebenden Stiftern 9mal, Gunther bei den Verstorbenen 18mal, bei den Lebenden 10mal. Die Liste läßt sich für Rüdiger, Volker, Walther, Wolfhart u.a. entsprechend fortsetzen.

Eindeutiges Resultat dieser Beobachtung ist das Verfahren des Nibelungenlieddichters, den Namensbestand der Adelsgesellschaft um 825/830 für seine Dichtung zu verwenden und auf die hier genannten Geschlechter anzuspielen, indem er ihre Vertreter zu handelnden Figuren des Epos umgestaltet. Die mögliche Kritik , die Nibelungenlied-Namen stellten nur eine Auswahl der im Reichenauer Verbrüderungsbuch genannten Gönnernamen dar, wird durch eine einfach Aussage entkräftet: Die Gönnerliste Reichenaus enthält als einziges geschlossenes Schriftdokument außer dem Nibelungenlied die Namensgruppe Alberich, Amelrich, Amelunc, Astolt, Brünhilt, Dancrat, Dancwart, Dietrich, Dürinc, Gernot, Eckewart, Gere, Giselher, Gotelint, Gunther, Hadeburc, Hagen,

Helphrich, Herrat, Hildebrant, Hiltegunt, Hunolt, Irinc, Kriemhilt, Liudgast, Liudger, Nibelunc, Pilgrim, Ritschart, Rüedeger, Sifrit, Sigemunt, Uote, Volker, Walther, Witege, Wolfhart, Wolfprant, Wolfwin. Daß sie in der höchsten Häufigkeit die Bliggerfamilie benennt, ist kein Zufall.

Mit anderen Worten, Gunther, Gernot, Giselher waren den Reichenauer Mönchen ebenso in (positiver) Erinnerung wie Brunhild und Kriemhild, Volker und Hagen. Selbst Nibelung wird von ihnen angeführt, allerdings nur einmal in der Liste der verstorbenen Gönner.

Kommen wir nochmals auf die Feststellung zurück, daß die Listen der verstorbenen und der noch lebenden Gönner der Abtei Reichenau einen Großteil der fränkischen Adelsfamilien der Jahre 825 bis 830 repräsentieren; ähnlich wie bei der Bligger-Großfamilie lassen sich selbstverständlich viele weitere genannte Personen dem Geschlecht der im Nibelungenlied genannten Liedfiguren zuordnen, so z.B. zu Wolfhart der Namen Wolfrat usw. Es darf jedoch nicht übersehen werden, daß der Dichter des Nibelungenlieds aus der Adelswelt des 9. Jahrhunderts ihm wichtige Familien ausgewählt hat und daß deshalb nur ein Teil der im Reichenauer Verbrüderungsbuch erwähnten Stifternamen mit Nibelungenliednamen identisch ist.

Mehr nebenbei fällt auf, daß die Namen der den Burgonden feindlich gesonnenen Gelphrat und Else sowie Mitglieder des Etzelhofs wie Etzel, Gerbart, Hawart, Helche, Helmnot, Hornboge, Irnfrit, Näntwin, Nuodunc, Ortliep, Ramunc, Schrutan, Sigestap, Swemmelin und

Werbel im Reichenauer Verbrüderungsbuch nicht genannt werden. Sie gehören ja auch nicht zu den Burgonden, die am Ende des Epos Nibelungen genannt werden.

Die Verbindung der Bligger-Familie mit den Nibelungen bleibt zwar über die Entstehung des Reichenauers Verbrüderungsbuches hinaus bestehen, die urkundlichen Zeugnisse sind im 10. und 11. Jahrhundert äußerst selten. Die Ursachen hierfür sind vielfältig, jedoch relativ einfach zusammenzufassen: Die Politik der karolingischen Machterweiterung erscheint durch die Reichsteilungen unter den Nachfolgern Karls des Großen abgeschnitten. Die Aufteilung des fränkischen Großreiches in die Reichsteile Westfranken, Lothringen, Burgund, Italien und Ostfranken unter den jeweiligen Teilkönigreichen, wie sie sich um die Jahrhundertwende vom 9. bis zum 10. Jahrhundert zeigt, hat sowohl das Urkundenwesen erheblich beeinträchtigt als auch die genealogische Verfolgung nachgeordneter Adelsverbände der Karolinger erschwert, weil diese sich nunmehr in der Namensgebung sehr viel mehr regional orientiert haben. Auch die übernationalen Orientierungen der Klosterverbände funktionieren nicht mehr, zumal die Ungarneinfälle im Süden und Südwesten die klösterlichen Gemeinschaften ebenso beeinträchtigen wie die Normannenübergriffe im Norden und Nordwesten.[91]

So sind Hinweise auf einzelne Adelsfamilien selten; dies betrifft auch unsere Bligger-Familie. Während der *missus*, der Botschafter Ludwig des Deutschen noch 863 die Vermittlung zwischen den Teilreichen übernehmen konnte, ist die Familie nach dem Ende der Karolingerherrschaft nur noch sporadisch in den Quellen faßbar. So wird z.B. in der Kölner Urkunde Ottos I. vom 2.6.965 zugunsten des Klosters St. Mansui bei Toul die Precarie genannt, *quam fecit Blitdrada nobilis femina*, die Blitrada an das Kloster gegeben hatte.[92] Im bayrischen Raum wird in einer Urkunde des salischen Königs Heinrich III. vom 9.4.1048 ein Waldgebiet mit Wildbann östlich der Traun in der Grafschaft des Otachar an das Erzstift Salzburg übertragen; dazu gibt unter anderen auch Pilihild, die Witwe des Grafen Sizo, und ihre Söhne Sigehard und Friedrich ihre Zustimmung.[93] Schließlich erscheint Blidgerus, Propst von Kloster Echternach, in einer Urkunde von Heinrich IV. vom 28.12.1063 bei einem Streit zwischen dem Kloster und dem Bischof Wilhelm von Utrecht als Zeuge.[94]

VIII. Die Nibelungen-Dynastie, die Stoffvorlage für Bliggers „Umbehang"

Im Nibelungenlied erscheint der Name Nibelung nicht nur für eine einzelne Liedfigur, sondern er bezeichnet im ersten Teil die Schatzbesitzer, die Siegfried bezwingt, nämlich die Söhne von König Nibelung mit den Namen Nibelung und Schilbung, im zweiten Teil kommt es dann zur Identifizierung der Nibelungen mit den Burgonden.

Burgonden und Nibelungen werden durchaus regional unterschieden. Siegfried ist im ersten Teil der Herr der Nibelungen, seine Gattin Kriemhild erhebt Anspruch auf den Schatz als Morgengabe. Hier beim Aufbruch zu Etzels Hof gehören die Nibelungen mit den Burgonden zur Streitmacht. Wenn dann in der Folge beim Zug zu Etzels Hof die Wormser Heeresgruppe unter Hagens Führung als Nibelungen bezeichnet wird (NL 1712; 1723; 1734; 1867; 1897; 2172), dann markiert der Dichter, daß die Herrschaft über das Nibelungenland nach Siegfrieds Tod an die Burgonden übergegangen ist. Siegfried, durchgehend als der „Held von Niederland" bezeichnet, wird nach dem Sieg über Zwerg Alberich als der Herrscher über die Nibelungen gesehen und hat auch die Burg der Nibelungen bezogen (NL 736).

Die verschiedenartige Verwendung des Nibelungenbegriffs, einmal für das Volk, das Siegfried durch die Tötung der Könige Schilbung und Nibelung und die Überwindung des Zwergs Alberich bezwungen hat, dann für den Wormser Heeres- bzw. Reckenverband, der unter Hagens Führung zu Etzels Hof gelangt, erscheint rätselhaft, läßt sich aber erklären. Den Schlüssel hierfür liefert das Symbol des Schwertes Balmung, das parallel zum Leitmotiv des Nibelungenhorts zu bewerten ist. Die beiden Nibelungenkönige übergeben dieses Schwert Siegfried leihweise, *zur miete* (NL 91), und mit Hilfe dieses Schwertes gelingt es Siegfried, die Könige zu erschlagen, Alberich zu besiegen und den Nibelungenhort zu gewinnen. Siegfried benutzt dieses Schwert erfolgreich gegen die Dänen und Sachsen (NL 205), er verwendet es sogar bei der Jagd (NL 952). Nach der Ermordung Siegfrieds trägt Hagen dieses Schwert, das er auf üble Art gewonnen hat (NL 1795), er setzt es gegen Hildebrand (NL 2302) und gegen Dietrich von Bern (NL 2347) ein. Dasselbe Schwert Balmung wird vom Dichter als das Schwert des oder der Nibelungen bezeichnet (NL 2344 u. 2345). Hagen wird trotz des Schwertes von Dietrich gefesselt und verliert durch Balmung das Leben.

Betrachtet man das Schwert als das Symbol der Königsherrschaft im Mittelalter, wie dies die Symbolik der Herrschaftszeichen des Kaiserreichs, der Reichsinsignien, nahelegt, dann wird der im Epos dargestellte Vorgang plausibel: Siegfried gewinnt mit dem „geliehenen" Schwert der Nibelungen die Macht und den Hort, indem er die jungen Nibelungenkönige erschlägt; Hagen übernimmt als Mörder Siegfried Schwert und Macht und fügt dadurch die Nibelungen in die Gefolgschaft der Burgonden ein.

Dabei geht die Volks- oder Dynastiebezeichnung *Nibelungen* in zweierlei Hinsicht auf die Burgonden über: Sie haben Schwert und Schatz, damit alle politische Macht, durch ihr Verbrechen erhalten, sie dürfen sich des Namens der Nibelungen rühmen, gehen aber an diesem Ruhm wegen ihrer Maßlosigkeit (*unmaze*) zugrunde. Dem Hagen nützt schließlich auch das Schwert der Nibelungen, Balmung, mit dem er noch Hildebrant entscheidend traf, nichts mehr, als Dietrich ihn mit starken Armen fesselt.

Dem Nibelungenschwert Balmung entspricht der Schatz, der Nibelungenhort. Dieses Motiv durchzieht ebenso konsequent wie das des Schwertes die Gesamthandlung des Epos (NL 87, 771, 1113, 1268, 1320, 1738, 1739). Der Hortbesitzer Siegfried scheint durch keinerlei Skrupel geplagt, den Schatz durch Totschlag erworben zu haben, sondern er tritt unbekümmert auf, ohne seinen Besitz eigentlich rechtfertigen zu können. Ebenso geht Hagen mit dem Hort widerrechtlich um und versenkt ihn schließlich im Rhein. Endlich enthauptet Kriemhild ihren Widersacher Hagen mit dem Schwert Balmung, weil dieser das Versteck des Nibelungenschatzes nicht verrät.

Der Begriff „Nibelungen" ist insgesamt auf Volk, Mannschaft und Territorium und nur einmal auf eine Einzelperson bezogen, nämlich jenen König Nibelung, der den Schatz von seinem Vater Nibelung erbte und mit Schilbung teilen sollte.

Es erscheint zunächst von der Liedaussage her wenig sinnvoll, den Namen *Nibelungen* auf historische Einzelpersönlichkeiten zu beziehen, die uns zwar im Wormser Raum während des 12. und beginnenden 13. Jahrhunderts mehrfach begegnen, so etwa am 27.12.1128 der Reichsministeriale Nibelung im Zusammenhang mit der Schenkung von König Lothar III. an Konrad von Hagen.[95] Bedeutungsvoller sind die Nibelungen als Volk, als Stamm oder als Adelsgruppe parallel zum Lied auch historisch zu erfassen, deren Herrschaftsinsignien, Schwert und Schatz, zusammen mit ihrem berühmten Namen von dem Stammhalter namens Nibelung auf Siegfried, schließlich nach dessen Ermordung von diesem auf die Burgonden bzw. auf Hagen übergingen.

Die beiden im Zusammenhang mit den Nibelungen geschilderten Vorgänge: Schatzteilung und Übergabe des Schwertes, sind dem Historiker als Reichteilungen und Dynastiewechsel in der Geschichte der Franken geläufig.

Gregor von Tours (538–594) berichtet in den „Zehn Büchern Geschichte" vom Reichsteilungsprinzip der Merowinger und der sog. Fredegar setzte diese Geschichtsschreibung durch „Die vier Bücher der Chroniken" fort bis zum Jahr 736. Hier geht es schwerpunktmäßig um die Reichsteilungen der Merowinger und ihrer Verwalter, der karolingischen Hausmeier, und das Schatzmotiv: „Als weitere Schwerpunkte des Fredegarischen Werkes müssen sein Interesse für den Königsschatz (z. B. IV 85), Steuerwesen (II 37; III 80; IV 24) und für die Theorie zwischenstaatlicher Beziehungen (z. B. IV 87) gelten."[96]

Entscheidend sind die Namen der Betreiber der Fortsetzungen der Chronik des Fredegar. Graf Hildebrand von Burgund, Bruder oder Halbbruder von Karl Martell, betreute die zweite Fortsetzung des Geschichtswerks von

Die Geschichte Burgunds bis zum Nibelungenlied

406 - 436	Wormser Burgundenreich unter Gundahar, Umsiedlung des Volkstammes in den Genfer Raum
534	Eingliederung von Burgund in das fränkische Reich der Merowinger
613	Tod von Brunhilde, Gattin des Sigibert, seit 592 Königin von Burgund
751	Machtübernahme durch die Karolinger. Graf Nibelung von Burgund übernimmt von seinem Vater, Graf Hildebrand von Burgund, die Geschichtsschreibung im fränkischen Reich bis zur Krönung Karls des Großen.
879	Das Königreich Burgund mit der Hauptstadt Arles löst sich vom Frankenreich.
926	Die Heilige Lanze von Burgund wird König Heinrich I., Vater Ottos des Großen, übergeben.
1033	Der Salier Konrad II. erhält Burgund, sein Sohn Heinrich III. wird zum König von Burgund gekrönt.
1173	Der Staufer Friedrich Barbarossa wird in Arles zum König von Burgund gekrönt.
ca. 1200	Entstehung des Nibelungenliedes mit drei Burgondenkönigen als Hauptfiguren

736 bis 751: „Hildebrand, der also seinem Halbbruder (Karl Martell) gegenüber völlig loyal geblieben war, verfügte über Besitzungen in Nähe von Melun und wahrscheinlich auch bei Autun. Über den Ort, wo diese pippinidisch-nibelungische Hausgeschichte geschrieben wurde, läßt sich nichts Näheres ermitteln, doch dürfte auch sie in Metz verfaßt worden sein."[97]

Graf Nibelung von Burgund, Sohn des Grafen Hildebrand, diktierte die Geschichte der Karolinger zwischen 751 und 768 seinem Schreiber. Das herausragende Ereignis seiner Zeit ist der Dynastiewechsel von den Merowingern zu den Karolingern, auch Pippiniden genannt. Der letzte Merowingerkönig Childerich III. wurde 751 ins Kloster geschickt, die Karolinger hatten die Königswürde usurpiert. In diesem Moment begann die Geschichtsschreibung des Grafen Nibelung: „Bis hierher ließ der vir inluster Graf Hildebrand, der Onkel des genannten Königs Pippin, diese Geschichte oder die Taten der Franken sorgfältig aufzeichnen. Von hier an stand die Aufzeichnung unter der Aufsicht des vir inluster Nibelung, des Sohnes Hildebrands, der ebenfalls ein Graf war."[98]

Der Dynastiewechsel von den Merowingern zu den Karolingern fällt demnach mit dem Wechsel in der Geschichtsschreibung zusammen. Diese Fortsetzungen des Fredegar (*Continationes Fredegarii*) sind für uns als Quelle bis heute von besonderer Bedeutung: „Daß ihre Darstellung jedoch so sehr auf Karl Martell und Pippin ausgerichtet ist, hängt natürlich mit dem Charakter einer Hausgeschichte zusammen. Aber gerade deshalb, weil hier die Meinung der aufstrebenden Karolinger über sich selbst wiedergegeben wird, sind die *Continationes Fredegarii* für uns von außerordentlichem Wert."[99]

Nun sind die dem Seitenzweig der Karolinger entstammenden Verfasser der Fortsetzungen des Fredegar Hildebrand und Nibelung keineswegs zufällig genannte Einzelpersönlichkeiten, sondern sie gehören zu einem bedeutenden Familienverband des fränkischen Adels.[100] So führt

Die Familie der historischen Nibelungen im 9. Jahrhundert
(Stammbaum nach Levillain, ergänzt)

PIPPIN der Mittlere † 714

- Karl Martell † 741, Hausmeier der Merowinger
- Pippin d. J. † 768, König der Franken 751
- Karl der Große † 811

CHILDEBRAND I, Graf in Burgund, Chronist des Fredegar bis 751

NIBELUNG I, Graf in Burgund, Chronist 751 bis 768

- CHILDEBRAND II ép. DUNNA
- **Nibelung II**
  - **Nibelung III**
    - THIERRY ADEMAR (Dietrich)
      - GUNTIER (Gunther) — THIERRY (Dietrich)
  - Thiery (Dietrich)
- N. ép. ECCARD
  - ECCARD
    - Hildebrand — Ermenold
- Thiebert (Dietbert)
  - Thiebert (Dietbert)
  - Ingeltrude ép. PÉPIN I (Pippin)
    - PÉPIN II (Pippin) König v. Aquitanien
    - CHARLES (Karl) Ebf. v. Mainz
  - Robert ép. Aga

ECCARD — THIERRY (Dietrich) — BERNARD — ADA
ép. 1 ALBEGONDE
    2 RICHILDE

- Gunitier (Gunther)
- Gerberge
- BOSO Gf. v. Vienne
  - RICHARD (Hzg. v. Burgund)
    - Raoul (Rudolf) König von Frankreich (923)
  - Ludwig III., der Blinde König v. Niederburgund Kaiser 901, geblendet 905

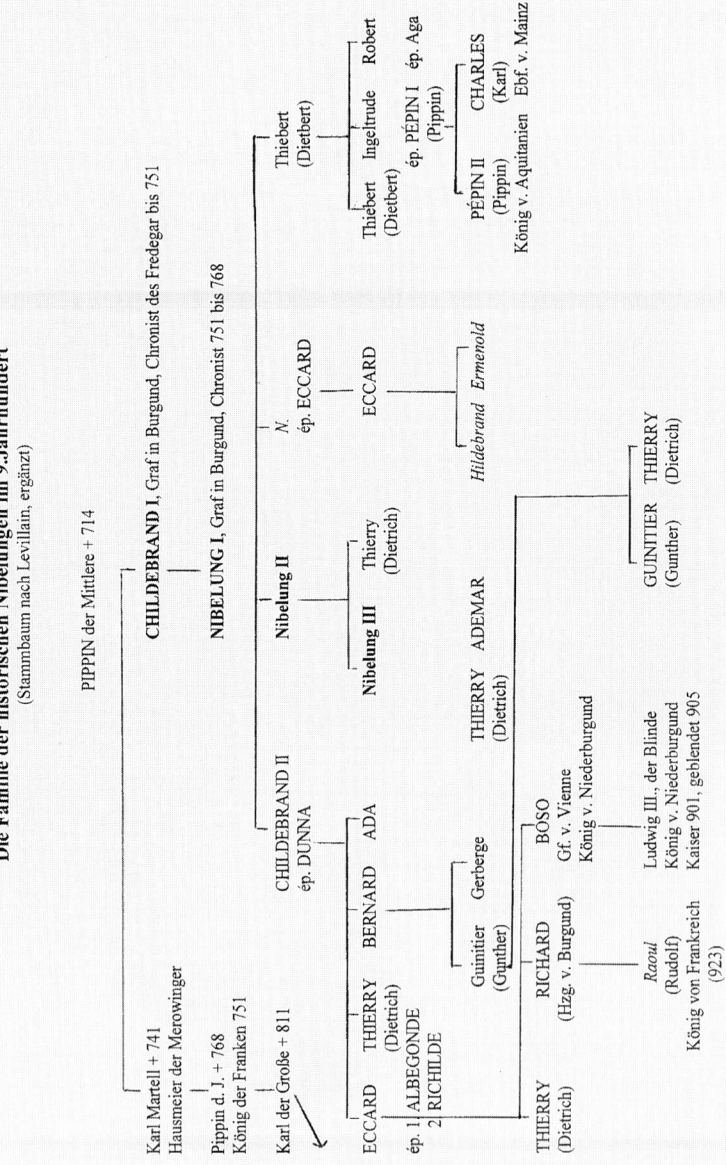

THIERRY (Dietrich)

Der Held und der Drache im Empfinden der Neuzeit. Denkmal vor dem Haus der Münze in Worms.

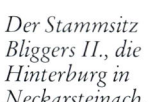

Der Stammsitz Bliggers II., die Hinterburg in Neckarsteinach.

Oben: Der grimmige Hagen versenkt den Hort im Rhein. Statue am Wormser Rheinufer.
Unten: Die fränkische Königin Brunhild auf einer Münze aus Paris.

Der Eingang der Kaiser, Schauplatz des Streites der Königinnen.

Oben: Der Wormser Dom, Symbolbau staufischer Macht.

Unten: Der Tympanon des Südportals des Wormser Doms zeigt auf der Innenseite den knieeden Bischof Konrad von Steinach (linke Figur).

B. PLECTRVDIS.

Atria stant Batauis, Oenus quà mergitur Istro,
 Atria quæ Stephani saxa, necem dolent,
Quæ nostrum te dante, Deus, tibi condidit aurum,
 Reddimus ergo tibi de tua, Christe, tuis.

Quæ steterunt multis, et stabunt atria seclis,
 Longa dies soluet, totaq; puluis erunt.
SI QVA DEI PIETAS MORTALIA PECTORA CEPIT,
 VIVIT ET EST EXTRA FATA, NEC ASTRA TIMET.

Plektrude, die Gattin Pippins II., Gründerin des Klosters Echternach.

Karl der Große in üblicher Darstellung.

Karl der Große als Friedrich Barbarossa am Aachener Karlsschrein.

Barbarossas Büste als Vergleich.

dux Spoleti. Perchtold dux burgundie. hugo galbi
Turungia. Vdalric⁹ comes de lenheburch. aluq⁹ con

Das Siegel Barbarossas.

Kaiser Heinrich VI.: Dichter und Mäzen.

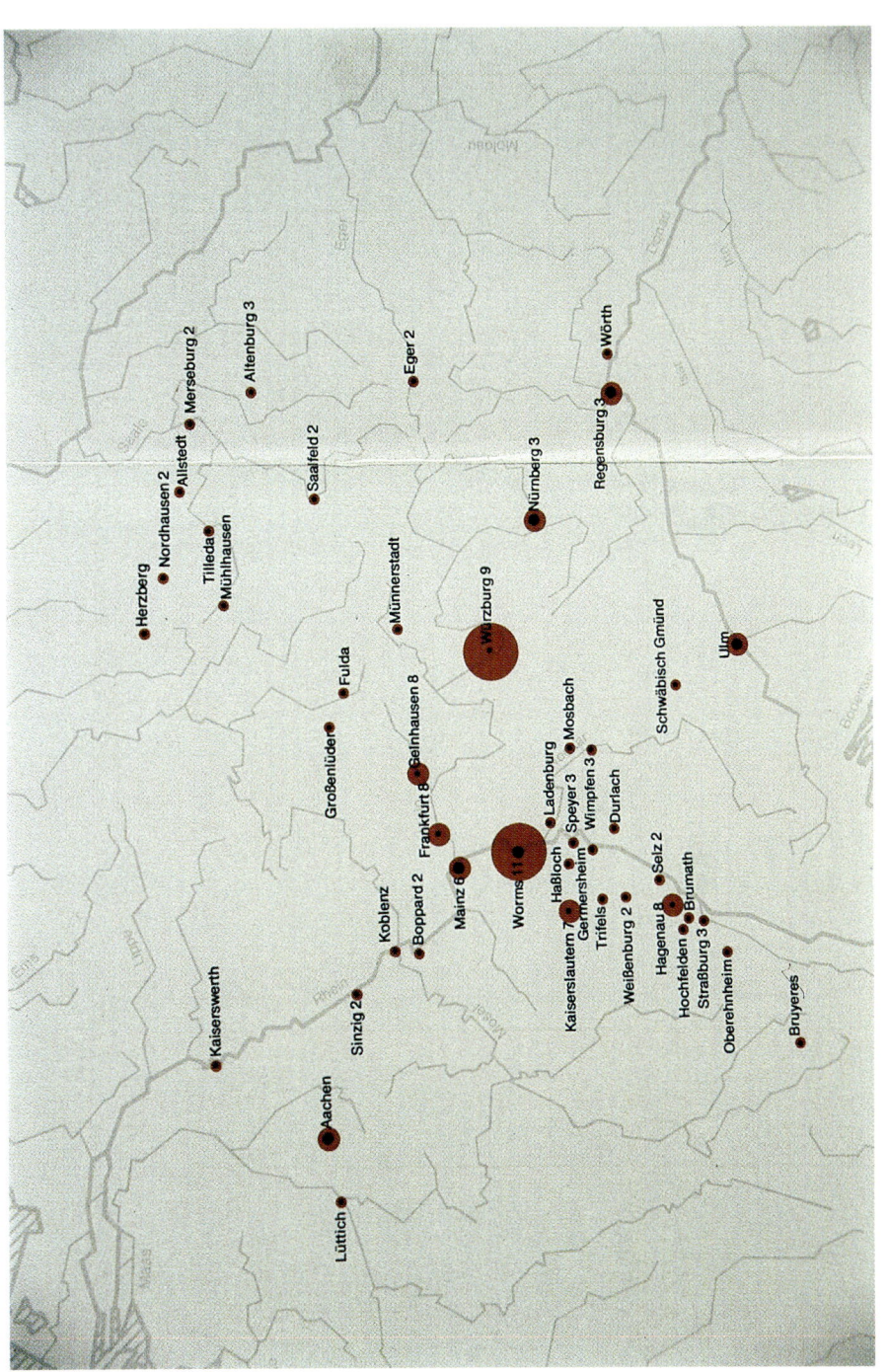

Das Itinerar, die Aufenthaltsorte Heinrichs VI.

Der Zug der Nibelungen in den Tod, verglichen mit dem Kreuzzug Friedrich Barbarossas.

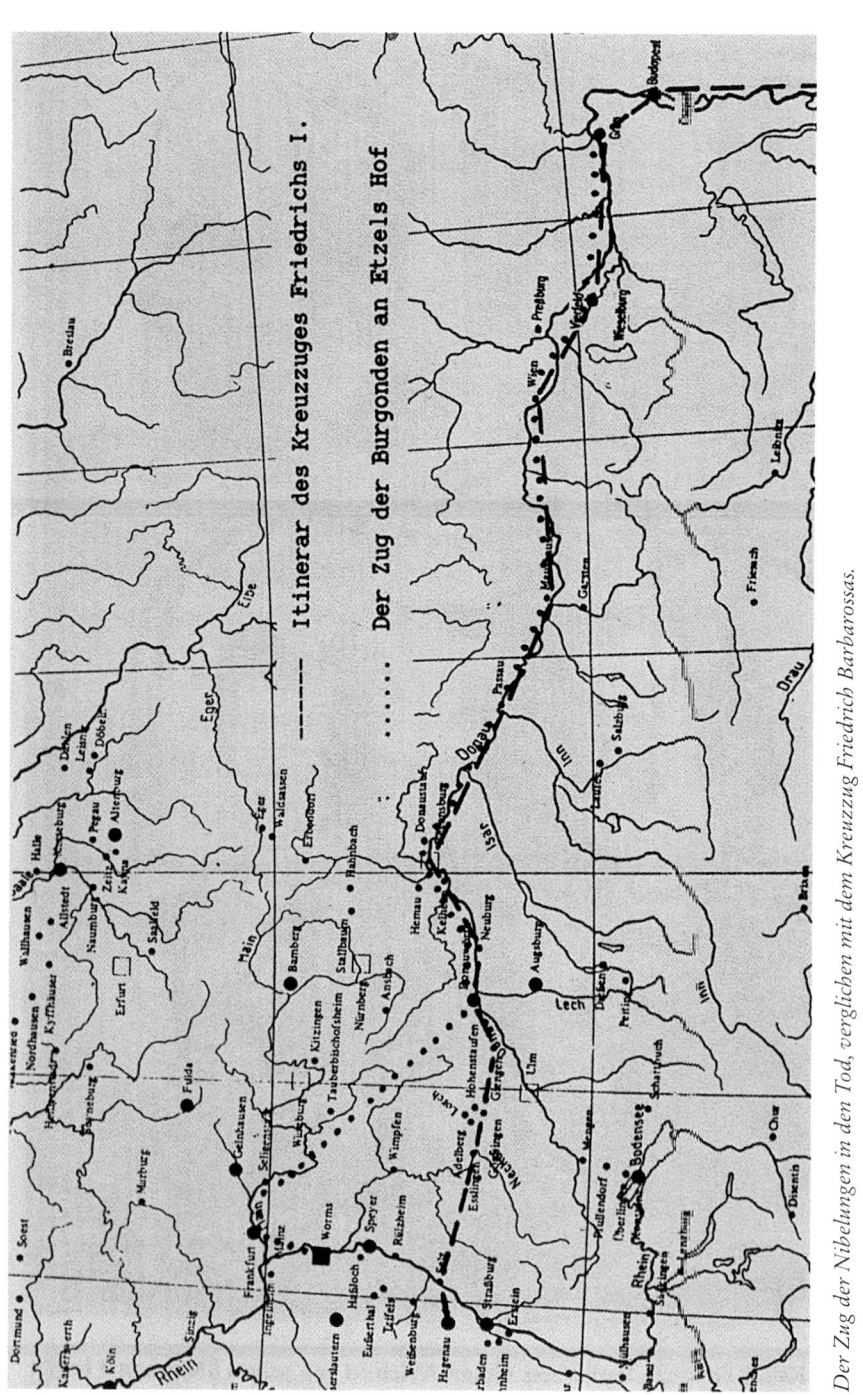

Beispiel einer Eintragungsseite ins Reichenauer Verbrüderungsbuch.

Grabmal des Ritters Ulrich V. Landschad von Steinach († 1369).

Siegfried wird am Brunnen in Odenheim nahe des Odenwaldes ermordet.

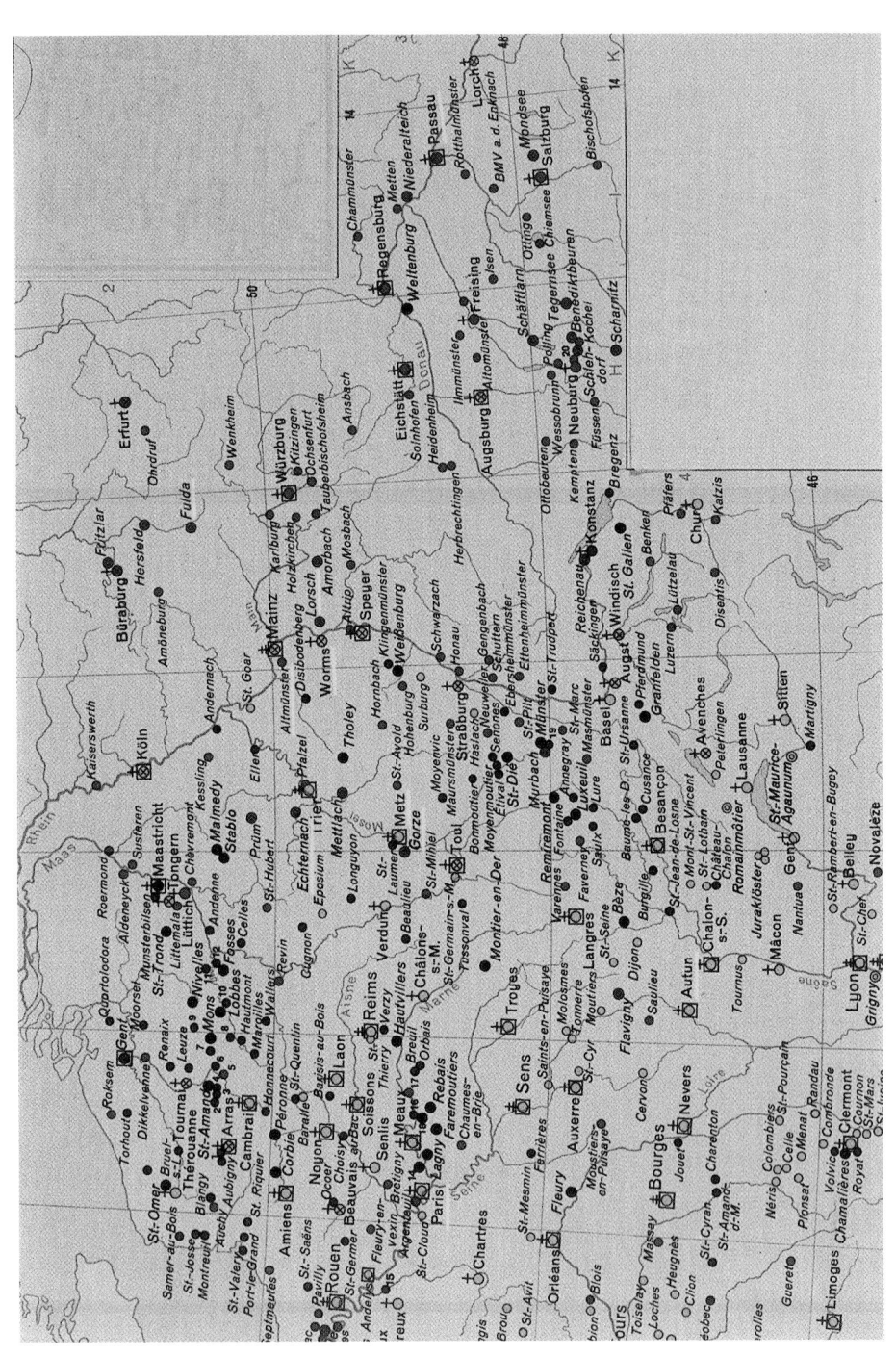

Landkarte der fränkischen Klosterlandschaft.

uns die Frage nach den historischen Nibelungen noch weiter zurück, bis in die Zeit der Anfänge bzw. der Abkunft der Dynastie der Karolinger. Die gesicherte Familientradition bezeichnet Arnulf, Bischof von Metz, und Pippin den Älteren als die Ahnherren, die im Entscheidungskampf 613 um die Macht im Westen des Frankenreichs, in Austrasien, den Aufstand gegen die Königin Brunhild – als Westgotin Gattin des Merowingers Siegbert I., dann Witwe – anführten. Der Aufstand gelang, Brunhild wurde hingerichtet, sie ist in Autun bestattet.[101]

Ein Jahrhundert später haben sich die Pippiniden die Macht endgültig gesichert. Karl Martell und sein Halbbruder Graf Hildebrand von Burgund handeln politisch und militärisch gemeinsam bei den Kämpfen um Tours/Poitiers 732 und Avignon 738 gegen die Araber. Damit ist die Herkunft der Familie der Nibelungen geklärt, auch ihre politische und kulturelle Funktion. Der Stammvater der Nibelungen, Graf Hildebrand, hat mit Karl Martell die Sarazenengefahr gebannt und als Geschichtsschreiber diese Taten dokumentieren können. Im Jahr 751 mit der Erringung des Königtums über die Franken übernahm Hildebrands Sohn, Graf Nibelung, die Geschichtsschreibung, und zwar von König Pippin dem Jüngeren bis zur Krönung Karls des Großen.

Da das Kloster Nivelles in der Dynastie der Karolinger und in ihrem religiös-politischen Anspruch eine Schlüsselfunktion einnimmt, kann man sich der Annahme nicht ganz verschließen, daß Graf Hildebrand seinen Sohn nach dem Kloster Nivelles benannte oder daß umgekehrt ein Vorfahre dieser Dynastie den Namen für dieses Kloster gab. Nivelles als Hauskloster der Karolinger bzw. Pippiniden ist Mitte des 12. Jahrhunderts durchaus geläufig; der Hinweis auf Pippin im König Rother (Rother 3477) erwähnt nicht nur dessen Sohn Karl den Großen, sondern auch Karls Schwester Gertrud von Nivelle:

> *Van deme uns Karlr ist bequam*
> *Vnde eine magit lossam*
> *Die gode sanctae gerdrut*
> *Dar zo nivele hat sie hus.*

„Von dem Karl abstammt
und eine berühmte Frau,
die Gott geweihte Gertrud,
die in Nivelles ihr Haus hat."

Wir finden wie im Nibelungenlied eine Verschiebung der historischen Zeitebenen durch den Dichter vor, denn die heilige Gertrud († 659) lebte 3 Generationen vor Karl dem Großen als erste Äbtissin von Nivelles.

Die Festlegung des Schauplatzes des Epos durch den Dichter in den ersten sechs Strophen des Nibelungenliedes ist eindeutig: Kriemhild und ihre Brüder wachsen in Burgund auf. Die Brüder Kriemhilds Gunther, Gernot und Giselher sind dort Könige. Sie stellen im Lied mit ihrer Gefolgschaft und dem Volk zunächst die „Burgonden", dann im zweiten Teil des Liedes – vor allem im Untergangsszenario – die Nibelungen dar. Diese Konzeption der Dichtung findet eine eigentümliche historische Parallele darin, daß der Graf Nibelung – Geschichtsschreiber der Karolinger bis zur Thronergreifung Karls des Großen

– Graf in Burgund war, und zwar in der alten Hauptstadt Autun, wo die historische Brunhilde herrschte und ihre Grabstätte erhalten hat.

Die Forschung in Frankreich und in Deutschland vor dem Zweiten Weltkrieg hat vielfältige Energien dafür verwendet, historische Nachweise für die Anwesenheit des Stammes der Burgunder im Wormser und Mainzer Raum unter König Gundahar zwischen 406 und 436 aufzufinden. Der Vergleich der historischen Gegebenheiten mit den Vorgängen im Nibelungenlied ist aber wenig ergiebig geblieben: Weder ist das historische Umfeld dieser Zeit einigermaßen sicher zu erschließen, noch verweisen handelnde Erzählfiguren und Handlungsepisoden konkret auf diese Phase der Völkerwanderungszeit. Dies wird schon allein aus dem Leben und Wirken der Königin Brunhilde deutlich, die als überragende Herrscherin in Autun und Worms nicht in der ersten Hälfte des 5. Jahrhunderts, sondern in der zweiten des 6. Jahrhunderts in die Geschichtsschreibung Burgunds eingegangen ist.

Der Pariser Nibelungenliedforscher Jean Fourquet schreibt 1998: „Seit 70 Jahren (1926–1996) lese ich vom Nibelungenlied als der Sage vom Burgondenuntergang, 437. Niemand schien darauf hinzuweisen, daß Theoderich um 437 noch nicht geboren war, Attila noch nicht Alleinherrscher (und im östlichen Reich). Es war aber möglich, daß das Wissen darum, daß die Burgunder eine (verhältnismäßig kurze) Zeit lang auf dem linken Ufer des mittleren Rheins angesiedelt worden waren, in gelehrte Kreise gedrungen war, etwa über Rom und das Arelat, und Ansprüche des damals ausgedehnten Staates Bourgogne auf das damals »Staufische« Rheinland gerechtfertigt schienen. Friedrich I. war zum König von Burgund 1178 gekrönt worden. Ich begnüge mich damit, auf diese Möglichkeit hinzuweisen: die Nachdichtung (oder Umdichtung, Umtaufung) wäre 1189 unternommen worden, zur Zeit, wo der Kaiser, Friedrich I., einem gewaltigen Heere vorstand, das sich in Regensburg versammelte, um 1190 über Passau, an der Donau entlang, Ungarn zu erreichen. Der Nibelungenlied-Dichter kennt die Ortschaften an der Strecke genau. Hatte die Kaiserin Beatrice, Comtesse de Bourgogne, die Friedrich 1156 geheiratet hatte, Kenntnis von einem *buoch Kriemhilde*, das um diese Zeit (1150–1160) entstand? Sie weilte gern im Kaiserpalast zu Speyer. Als Beatrixens Vater, Renaud III., starb, war Friedrich feierlich zum »roi de Bourgogne« gekrönt worden, in Arles (1178). Neue Untersuchungen wären nötig, um zu eruieren, ob jemand im Arelat wußte, daß das Rheinland einmal von den Burgonden besiedelt worden war ...«[102]

Fourquet macht deutlich, daß der Dichter des ausgehenden 12. Jahrhunderts mit Burgund und den Burgondenkönigen einen weiteren Zeit- und Herrschaftsraum meint, als bisher angenommen. Diese Perspektive drückt sich bereits in der Textstruktur aus: Der Dichter nennt in den Anfangsstrophen nicht den Volksstamm, sondern die Region bzw. das Territorium, das Reich oder das Land: Kriemhild wächst *in Burgonden* auf (NL 2); *da zen Burgonden so was ir lant genant* (NL 5). Damit zollt er in erster Linie wohl seiner obersten Herrin den angebrachten Respekt, der Königin und Kaiserin Beatrix von Burgund, ebenso wie seinem Herrn Friedrich Barbarossa, der sich 1178 in Arles zum König von Burgund krönen ließ.

Gemeint in der Darstellung der Burgondenkönige, ihres Glanzes und ihres Untergangs ist aber nicht nur die Endzeit des Stauferreiches, das Burgund als wertvollen Reichsteil einbezogen hat und von Worms aus regiert wurde, sondern vielmehr die Entwicklung der Reichsmacht, ausgehend von Schwert und Hort der Nibelungen bis hin zum Untergang der Burgonden an Etzels Hof. Der historische Prozeß der Entwicklung Burgunds, den der Autor aus seiner Perspektive politisch interpretierte, wird somit zur Fabel des Epos. Deshalb faßt der Dichter in der Schlußstrophe das Geschehen als die Not der Nibelungen (*der Nibelunge not* – Handschrift B) oder das Lied von den Nibelungen (*der Nibelunge liet* – Handschrift C) zusammen.

Das Nibelungenlied macht den burgundischen Zweig der historischen Nibelungen interessant, der mit Hildebrand II., Sohn des Grafen Nibelung I., ansetzt. Hildebrands Sohn Ekkard hatte drei Söhne; neben Dietrich sind Richard, der Gerechte, Herzog von Burgund, und Boso, der Graf von Vienne, von besonderer Bedeutung: Richards Sohn Rudolf wurde König von Frankreich. Sein Bruder Boso, Graf von Vienne, ließ sich 879 zum König von Niederburgund krönen. Dessen Sohn Ludwig III., der Blinde, erreichte 901 sogar das Kaisertum, wurde aber von seinem Widersacher Berengar in Italien 905 gefangengenommen und geblendet. Wichtig in der genealogischen Übersicht dieses nibelungischen Familienzweiges ist schließlich noch Rudolf I. von Hochburgund, der dort 888 ein weiteres burgundisches Königreich begründete. Er war über seine Schwester Adelheid der Schwager von Richard, dem Gerechten.

Um 900 gab es demnach drei benachbarte Herrschafts- bzw. Königreiche mit dem Namen Burgund, zwei als karolingische Nachfolgestaaten eingerichtete Königreiche in dem vormaligen Lotharingen, nämlich Niederburgund unter König Boso und seinem Sohn Ludwig III., Hochburgund unter König Rudolf I. (dem burgundischen Welfen), und das westfränkische Herzogtum Burgund unter Richard dem Gerechten von Burgund, dessen Sohn Rudolf dann 923 zum König der Francia gewählt und gesalbt wurde. Alle drei burgundischen Könige sind Nibelungen, die beiden ersten (Boso bzw. Ludwig III. von Niederburgund, und Rudolf, König der Francia) direkt in männlicher Linie vom Grafen Nibelung abstammend, der dritte, der Welfe Rudolf I. von Hochburgund, über seine Schwester Adelheid mit den historischen Nibelungen verschwägert.[103]

Um diese Zeit finden wir die Dreiheit der Burgondenkönige vor, die aus dem Geschlecht der Nibelungen entstammen. Ins Nibelungenlied ist diese Dreierstruktur der burgundischen Könige aufgenommen. Gleichzeitig wird die Aussage des Liedes transparent, daß aus den Burgonden im zweiten Teil des Epos Nibelungen werden. Es ist damit gelungen, die dynastische Identität von Burgonden und Nibelungen historisch einwandfrei zu belegen. Nach den Bemühungen des Kaisers Otto I. um Burgund und seiner Vermählung mit Adelheid, Tochter des Königs Rudolph II. von Hochburgund, Schwester Konrads I., König von Burgund, traten schließlich die Salier Konrad II. und

Burgundische Welfen

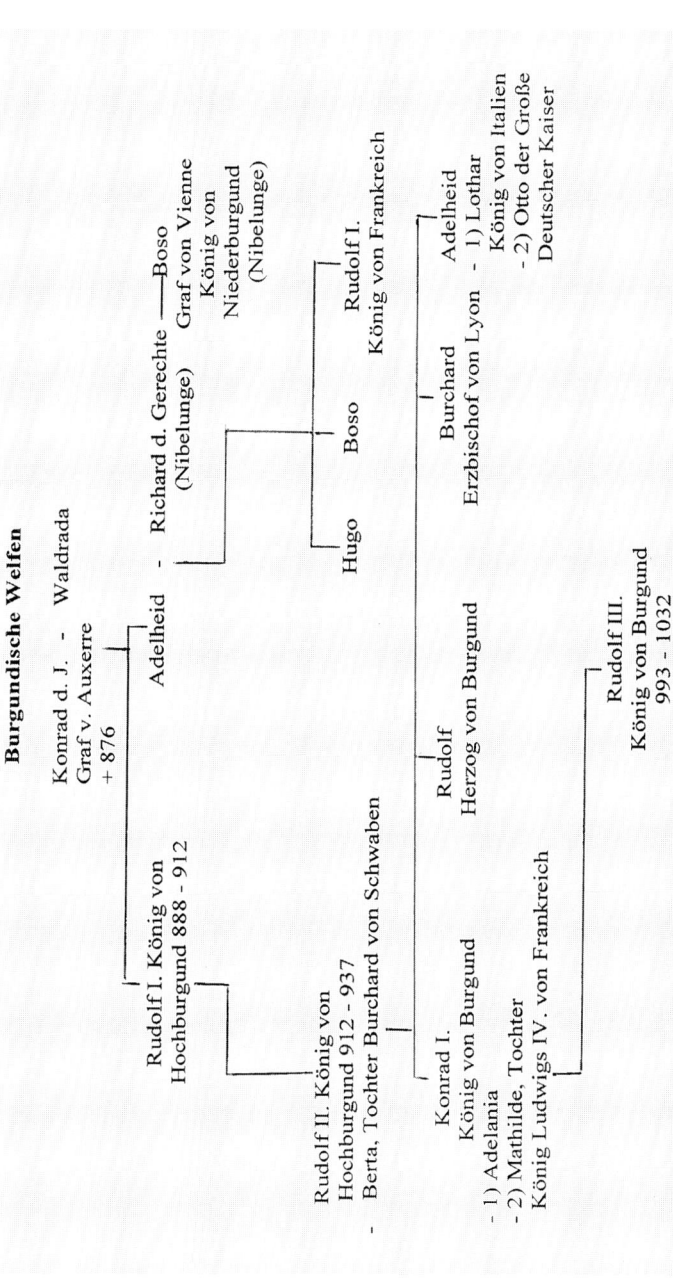

```
Konrad d. J.  -  Waldrada
Graf v. Auxerre
+ 876
    |
    Adelheid  -  Richard d. Gerechte ——— Boso
                 (Nibelunge)              Graf von Vienne
                 |                         König von
                 |                         Niederburgund
                 |                         (Nibelunge)
                 |
         ┌───────┼────────┐
        Hugo   Boso    Rudolf I.
                       König von Frankreich
                       |
              ┌────────┼──────────┐
           Burchard              Adelheid  - 1) Lothar
           Erzbischof von Lyon              König von Italien
                                           - 2) Otto der Große
                                             Deutscher Kaiser

Rudolf I. König von
Hochburgund 888 - 912
    |
Rudolf II. König von
Hochburgund 912 - 937
- Berta, Tochter Burchard von Schwaben
    |
Konrad I.
König von Burgund
- 1) Adelania
- 2) Mathilde, Tochter
  König Ludwigs IV. von Frankreich
    |
Rudolf
Herzog von Burgund
    |
Rudolf III.
König von Burgund
993 - 1032
```

Erben: Konrad II. und Heinrich III.
Salierkaiser aus dem Wormser Raum

Heinrich III. 1032 nach dem Tod Rudolfs III., König von Burgund, das Erbe an: Die Salier, deren alte Grablege sich im Wormser Dom befindet, wurden die Könige von Burgund. Dieses burgundische Königtum kam schließlich umfassend – mit allen drei burgundischen Teilreichen, über die Ehe mit Beatrix von Burgund an den Staufer Friedrich Barbarossa und seinen Sohn Heinrich VI., während die Pfalzgrafschaft Burgund dessen Bruder Otto erhielt.

Zu Lebzeiten des Dichters leuchtet das Dreigestirn der Könige von Burgund neu auf; diese hatten in Worms ihren Lieblingsaufenthalt. Der Begriff der Nibelungen umfaßt somit insgesamt die Generationen der burgundischen Geschlechter, angefangen von den Pippiniden Hildebrand und Nibelung, Grafen von Burgund, über die drei Könige Boso von Vienne, Rudolph II. von Hochburgund und Rudolph I. von Frankreich, schließlich die Dynastie der Salier mit Sitz in Worms und in der Nachfolge die Staufer bis hin zu Friedrich Barbarossa und Heinrich VI. Der Untergang der Nibelungen an Etzels Hof findet mehrere Entsprechungen: Zunächst 907 in der katastrophalen Schlacht bei Preßburg, als ein großer Teil des karolingischen Hochadels mit dem Markgrafen Luitpold umkam und die Ostmark an die Ungarn verlorenging[104]; aber auch ganz aktuell im mißlungenen Kreuzzug 1189/90, dessen Ausgang historisch den Niedergang der Stauferdynastie einleitete. Mit den Ereignissen der Völkerwanderungszeit 436/7 hat die Handlung des Liedes wenig gemein, denn damals kamen die Hunnen des Aetius nach Burgund, im Lied ziehen die Burgonden in umgekehrter Richtung zu den Hunnen an Etzels Hof.

Der Dichter des Nibelungenlieds, Zeitgenosse der staufischen Kaiser Friedrich Barbarossa und Heinrich VI., hat die Stadt Worms als Hauptschauplatz der Handlung und als Darstellungsort der Idee des Burgondenreichs ausgewählt. Daß der Königshof in Worms von den Staufern als Reichszentrum betrachtet wurde, zeigt u.a. das Itinerar von Friedrich Barbarossa und von Heinrich VI.: Beide haben sich im Reich nördlich der Alpen am häufigsten in Worms aufgehalten, Barbarossa 18mal – zum Vergleich: 17mal in Würzburg, 16mal in Regensburg, 12mal in Frankfurt, 7mal in Aachen; Heinrich VI. weilte während seiner nur achtjährigen Regierungszeit 11mal in Worms, 9mal in Würzburg, 8mal in Frankfurt, 3mal in Regensburg, 1mal in Aachen.[105] Beide haben ihre Aufenthaltszeit in Worms über ihre gesamte Regierungszeit gleichmäßig verteilt.[106] Die Bedeutung und wirtschaftliche Stärke der Wormser Region ist auch Barbarossas Onkel Otto von Freising bekannt, den der Kaiser 1156 um die Aufzeichnung seiner Taten gebeten hatte:

Von dort (Regensburg) *begab er sich an den Rhein und feierte das nächste Geburtsfest des Herrn in Worms* (1155). *Dieses Gebiet nämlich, das der hochberühmte Rhein, einer der bedeutendsten Ströme Europas, durchschneidet, an dessen einem Ufer die Grenze Galliens, an dessen anderem die Germaniens verläuft, ist reich an Getreide und Wein und bietet eine Fülle von jagdbarem Wild und Fischen – denn auf der gallischen Seite liegen in der Nähe die Vogesen und die Ardennen, auf der germanischen Seite ausgedehnte Wälder, die bis heute noch ihre barbarischen Na-*

men tragen – und kann daher die Fürsten, wenn sie sich jenseits der Alpen aufhalten, am längsten versorgen.[107]

Aus diesem Verständnis der Stadt Worms als zentralem Herrschaftsort haben wir auch den spätromanischen Dom-Neubau zu bewerten, der durch die Staufer Konrad III. (1138–1152) und Friedrich Barbarossa gefördert und 1181 geweiht wurde.[108]

Wenn nun der Nibelungenlied-Dichter den Wormser Hof als zentralen Ort der Handlung wählt und im Detail genaue Ortskenntnis verrät, wie z.B. durch seinen Hinweis auf die neuerbaute Domschatzkammer (NL B 1125)[109], dann spricht das für seine Nähe zu Worms bzw. zum Wormser Hof, jedenfalls auch für seine Kenntnis der reichspolitischen Bedeutung dieser Stadt. Worms als Residenz der Burgondenkönige zu bezeichnen, ist für den Dichter als Zeitgenossen Barbarossas und Heinrichs VI. naheliegend, denn Barbarossa vermählte sich 1156 mit Beatrix von Burgund, die in Worms durch den Trierer Bischof Hillin gesalbt wurde. Nach seiner Krönung zum König von Burgund in Arles im Jahr 1178 bildete er zusammen mit seinem Thronfolger Heinrich und dem Sohn Otto, Pfalzgraf von Burgund[110], die Trias der Burgunderkönige.

Der Dichter des Nibelungenlieds hat jedoch nicht nur den Glanz des Wormser Burgondenhofs miterlebt, sondern auch die Zerstörung der Trias, die historisch vor allem durch den Kreuzzug Friedrich Barbarossas und dessen Tod heraufbeschworen wurde. Die Ereignisse des Jahres 1190, als nicht nur Barbarossa, sondern auch sein Sohn Friedrich von Schwaben und der Diplomat und Minnesänger Friedrich von Hausen auf dem Zug ins Heilige Land umkamen, erfahren meiner Ansicht nach ihre Würdigung im Nibelungenlied, denn die Wegbeschreibung zum Hof Etzels im Lied entspricht präzise den Kreuzzugstationen Barbarossas. So trifft die lakonische Bermerkung von Karl Bertau zum Kreuzzug den Kern: „Das Heer Barbarossas zog die Nibelungenstraße".[111] Die Idylle in Bechelaren bei Markgraf Rüdiger hat die Entsprechung in der Rast des Kreuzfahrerheers bei König Bela von Ungarn; hier verlobte Friedrich Barbarossa seinen Sohn Friedrich von Schwaben mit der Tochter des ungarischen Königs.[112]

Der Dichter des Nibelungenliedes gibt wohl ganz bewußt, aber verdeckt, das Ziel des Zuges schon mit dem Schlüsselwort der Wasserfrauen an der Donau an, mit dem Hagen die Überfahrt beim Fährmann erreicht: Amelrich I. von Anjou war 1163–1174 König von Jerusalem, sein Nachfolger Amelrich II. von Cypern (1197–1205) war nomineller König von Jerusalem, das sich zu seiner Zeit bereits in heidnischen Händen befand.[113] Das Codewort Amelrich benennt somit das Ziel des Zuges: Jerusalem, das es zu erobern gilt.

Mit diesem gescheiterten Kreuzzug wurde das Reich in eine Krise geführt, aus der es Heinrich VI. nur kurzfristig bis zu seinem Tod 1197 in Messina befreien konnte. Bis dahin hielt der Kaiser mit seiner Gefolgschaft vor allem aus dem Pfälzer und Wormser Raum – dazu gehören u.a. Marquard von Annweiler und Bligger von Steinach – den Universalanspruch des Reiches aufrecht. Nach Heinrichs unerwartetem Tod ist die Bedeutung der Reichsgewalt – auch in den Augen des Dichters – erloschen, auch die Stadt

Worms hat ihren Rang als Zentrum des Burgondenreichs verloren.

So vielfältig die Anspielungen im Nibelungenlied auf Glanz und Untergang der staufischen Dynastie auch sind[114], so deutlich entzieht sich der Dichter den aktuellen historischen Bezügen dadurch, daß er auf die *alten maeren*, die Burgundersagen, zurückgreift, wenn er sein Buchepos gestaltet. Dabei hat er allerdings seinen Stoff keineswegs, wie bisher von verschiedenen Richtungen der Altgermanistik für die Heldendichtung angenommen, entpolitisiert bzw. enthistorisiert[115], sondern auf frühere Zeitebenen der Reichsgeschichte zurückgegriffen, auf die Taten der Vorfahren und ihre *Aventiuren*. Der Dichter handelt hierbei durchaus im politischen Zeitgeist: So ließ auf dem Hoftag zu Aachen am 29.12.1165, zu dem er aus Worms anreiste, Friedrich Barbarossa sein politisches Vorbild Karl den Großen heiligsprechen, dabei dessen Gebeine exhumieren und zu einer neuen Ruhestätte überführen.[116] Noch eindrucksvoller ist die Gestaltung des Karlsschreins in Aachen, 1182 begonnen, auf dem Karl der Große als Stellvertreter Christi begriffen wird. „Die Gestalt des heiligen Kaisers wird im Karlschrein zur Inkarnation deutschen Herrschertums. Karl und Friedrich I. sind vermutlich in einer Figur dargestellt. Friedrich I. erscheint hier als ein neuer Carolus".[117]

Quasi parallel ist die Darstellung des Burgondenreichs und seines Hofes auf das karolingische Worms bezogen. Dem Historiker präsentiert sich Worms bereits in karolingischer Zeit als Stadt der Burgonden im Sinne des Nibelungenlieddichters.[118]

Dieser historische Befund deckt sich mit den literaturgeschichtlichen Gegebenheiten. Die Epiker vor allem im französischen Sprachraum besingen im 12. Jahrhunderts in ihren *Chansons des geste* die karolingischen Reichsgründer des ausgehenden 8. und des 9. Jahrhunderts. Die Autoren haben die Königs- und Adelsdynastien und ihre Repräsentanten – historisch und politisch faßbare Leitfiguren – zu Liedfiguren in ihren Epen umgestaltet. Für die Königsgestalten in den Liedern dienten u.a. Karl Martell, Pippin der Mittlere, Karl der Große, dessen Sohn Ludwig der Fromme und Karl der Einfältige als Vor- oder als Schreckbilder königlicher Macht; dabei nehmen die Sippenfehden und der Konflikt zwischen König und Vasall einen breiten Motivraum ein, so z.B. im *Girart de Roussillon* und im *Raoul de Cambrai*.[119] Ähnliches geschieht im Nibelungenlied: Es enthält wie die französischen Vorlagen Motive der Untreue des Königshofs, des Strebens nach Macht, des Standesdünkels bei der Eheschließung, der prunkvollen Hofhaltung, des heimtückischen Mordes. So läßt sich auch beim Nibelungenlied die Frage nach dem historischen Bezug der dargestellten Aventiuren und nach der Bedeutung des Namens der Nibelungen stellen.

Der Dichter des Nibelungenlieds hat die Wormser Burgonden nicht „Pippiniden" oder, wie der Pfaffe Konrad in seinem Rolandslied, *Karlinge*, das sind die Karolinger, genannt[120], sondern Nibelungen. Dennoch meint er dieselbe Dynastie[121], denn das Königtum der Pippiniden bzw. der Karolinger beginnt mit der Königskrönung des Vaters von Karl dem Großen, Pippin, im Jahr 751.[122] Die Geschichte der neuen Königsdynastie, die die Merowinger mit sanfter Gewalt ablöste, wird von diesem Datum an vom burgundischen Grafen Nibelung geschrieben.

Worms ist aber auch deshalb Nibelungenstadt, weil zur selben Zeit, als das Nibelungenlied entstand, ein Nachfahre des Grafen Nibelung von Autun gleichen Namens Dompropst und Schatzmeister des Wormser Doms war. Dieser ließ eine Reihe von Spruchinschriften auf Wandteppichen im Dom anbringen, deren Texte im *Chronicon Wormatiense* überliefert sind.[123] Die Aktualisierung der *alten maeren* bereitete im 12. Jahrhundert deshalb keine Schwierigkeiten, weil – wie oben angesprochen – die Karolinger bzw. Nibelungen die Vorbilder für die Herrschaft in der Stauferzeit darstellten.

Der Dichter des Nibelungenlieds stand mit den Nibelungen bzw. den Karolingern und deren reichsgeschichtlicher Machtposition in engster Beziehung. Dabei waren ihm die Handschrift der Historien des Gregor von Tours († 594) und die Chronik des sogenannten Fredegar mit den Fortsetzungen der burgundischen Grafen Hildebrand und Nibelung (bis zur Krönung Karls des Großen 768) im Kloster Lorsch zugänglich. Für die Autorenschaft kann deshalb nur Bligger II. von Steinach in Frage kommen, der sich unter den Getreuen Friedrich Barbarossas und Heinrichs VI. befand und dessen episches Werk – der 'Umbehang' – hoch gelobt durch die Zeitgenossen Gottfried von Straßburg und Rudolf von Ems – als verschollen gilt. Bligger von Steinach ist der Neffe des Wormser Bischofs Konrad von Steinach, der das Bistum von 1150 bis 1171 leitete und auch für den Dombau verantwortlich war.[124] Bliggers Vorfahren haben den Aufstieg der historischen Nibelungen ebenso mitvollzogen wie Bligger von Steinach den Niedergang des Reiches.[125]

Nach dem Übergang der Königsherrschaft von den Merowinger auf die Karolinger finden wir die Vorfahren Bliggers bei Schenkungen zugunsten des Klosters Gorze bei Metz vor, einmal am 29.9.769, als Bligger (*Blitcharius*) Güter in Brauville in der Grafschaft Verdun an das Kloster schenkte[126], dann nochmals 771: Bligger (*Blitharius*) der Sohn des Waltherius, Bruder des Alpacrius und des Berengar, gab Güter in Maizeray in der Grafschaft Verdun an das gleiche Kloster.[127] Von großem Interesse ist, daß bei einer Schenkung für dasselbe Kloster im Jahr 762 in der Zeugenliste nach Gunther und Siegbert ebenfalls Nibelung genannt wird[128] und Nibelung (*Nebolungus*) 770 als Lehnsträger des Bischofs Angilran von Metz verzeichnet ist.

Im Urkundenbuch der Abtei Gorze, die im Wormser Raum, vor allem in Pfeddersheim, durch die Schenkungen Chrodegangs über erheblichen Besitz verfügte, finden sich die Zeugnisse von Nibelung und Bligger und seiner Familie bis zum Jahr 1154, als Bischof Konrad von Steinach, der Onkel des Dichters, gemeinsam mit dem *Vicedominus* Nibelung sich im Streit um Güter in Pfeddersheim mit den Mönchen aus Gorze einigten.[129]

In ähnlicher Weise sind Bligger und Nibelung an Schenkungen zugunsten des Klosters Lorsch beteiligt, z.B. 771 Bligger mit Gut in Eisesheim bei Neckarsulm[130] und Nibelung 773 mit Gut in Bretzenheim bei Mainz.[131]

Die urkundliche Überlieferung spricht eindeutig für die These, in Bligger den Nibelungenlieddichter zu sehen.

Wir haben bereits festgestellt: In seiner Sippe, die auf den karolingischen Adel zurückzuführen ist, finden sich gehäuft die Nibelungenliednamen, auch der Name Nibelung selbst. Bliggers Anbindung an den Hof Heinrichs VI. ist zudem nicht nur urkundlich, sondern auch chronikalisch belegt: In der Familienchronik der Steinacher (1491) findet sich folgende Notiz: *Alß Keyßer Heinrich Bancket gehalten, darbey sein Sohn Conrad, andere Fürsten, Graffen, Herrn, Ritter und vom Adel gewesen, hatt sich bey selbigen auch befunden Herr Bleickhard von Steinach und darbey auch wie ein Jedwederer thun müß, ein lied gesungen hatt*[132]. Ob dies etwa eine Aventiure des Nibelungenlieds gewesen ist, ist nicht überliefert.

Viele Anspielungen im Text des Liedes – an dieser Stelle sei nur Bliggers Eigenschaft der *spaehen rede* genannt, die im Nibelungenlied der Spielmann Volker trägt – ergänzen die urkundlichen Befunde: Bligger von Steinach, Edelfreier am Hof Heinrichs VI., guter Bekannter Wolfgers von Passau, hervorragender Kenner der Reichsgeschichte aufgrund der Verbindung der Familie mit den herrschenden Dynastien bis zurück zur karolingischen Zeit, hat das Nibelungenlied als Darstellung von Aufstieg, Glanz und Untergang des fränkischen Reichs verfaßt.

Die Gemeinsamkeit Bliggers von Steinach mit den Nibelungen bleibt bis in die staufische Herrschaftsphase erhalten. Eine Urkunde von 1152, die der Wormser Bischof Konrad von Steinach, der Onkel des Dichters, über einen Gütertausch zugunsten des Klosters Schönau ausstellte, benennt in der Zeugenliste den *Vicedominus* Nibelung als Vertreter des Bischofs; hier rangiert in der Zeugenliste der

Propst von Wimpfen Siegfried vor dem Grafen Boppo von Lauffen und Bligger von Steinach.[133] Letzmalig urkundet Bligger II., der Dichter des Nibelungenlieds – wohl schon über 70 Jahre alt – auf dem Italienzug Ottos IV., als dieser dem Pfalzgrafen Hildebrand die Privilegien bestätigt, die bereits Friedrich Barbarossa dem gleichnamigen Vater verliehen hatte.[134] Zu den Zeugen gehören Markgraf Azzo von Este und Wolfger, Patriarich von Aquileia, seinerzeit (1191–1204) Bischof von Passau, der als Förderer der Abschrift des Nibelungenlieds gilt.[135]

So schließt sich der Kreis: Die Personen im Umkreis des Wormser Hofs, Angehörige alter Geschlechter, sind auch zu Lebzeiten des Dichters noch zu den Mächtigen im Reich zu zählen. Das Lob für den Epiker, den „wisen Blikeren", durch Rudolf von Ems beziehet nicht nur auf das Alter des Dichters, sondern auf dessen Fähigkeit, die Reichsgeschichte von ihren Anfängen bis zur politischen Realität seiner Zeit am Wormser Hof in das Nibelungenlied einzubinden.[136]

Beim *Chanson de geste* Nibelungenlied haben wir es mit der dichterischen Fortsetzung der continuationes des Fredegar zu tun, die einst vom Grafen Nibelung von Autun als Geschichte der Karolinger bzw. der Nibelungen begonnen und von Bligger als Epos abgeschlossen wurde.

IX. Volkers und Bliggers Fähigkeiten: Die Bedeutung der "*spaehen rede*" im Nibelungenlied

Der Dichter hat im Nibelungenlied zwar die Anonymität gewahrt, dennoch scheint er dafür gesorgt zu haben, daß er in seinem Standeskreis als Verfasser erkannt und entsprechend gewürdigt wurde. Hierfür hat er die Gestalt des Volker benutzt, der als edelfreier Spielmann im zweiten Teil des Liedes neben Hagen eine dominierende Position einnimmt.

Berücksichtigt man entsprechende Forschungsergebnisse zur mittellateinischen Dichtung[137] über „*wort*" und „*sin*", dann wird das Bedürfnis des Dichters, seine Identität nur symbolisch oder allegorisch darzustellen, ebenso verständlich wie die getarnte Darstellung der Reichspolitik über vier Jahrhunderte. Die Tarnkappe, die „*tarnhût*", verschleiert die reale historische Identität von Gunther, Siegfried, Kriemhild, Brünhild und Volker. In zwei Strophen, die nur in der Handschrift C vorhanden sind, stellt der Dichter allegorisch die Funktion der Tarnung fest:

Handschrift C 342
Von wilden getwergen   hân ich gehoeret sagen,
si sin in holn bergen,   und daz si ze scherme tragen
einez, heizet tarnkappen,   von wunderlicher art:
swerz hât an sîme lîbe,   der sol vil gar wol sîn bewart

343

Vor slegen und vor stichen,   in müge ouch niemen sehen,
swenner sî dar inne.   beide hoeren unde spehen
mag er nâch sinem willen,   daz in doch niemen siht;
er sî ouch verre sterker,   als uns diu âventiure giht.

„Von wilden Zwergen habe ich die Geschichte gehört,
daß sie in hohlen Bergen wohnen und zum Schutze tragen
ein Gewand, das sie Tarnkappe nennen, und dies hat
eine erstaunliche Eigenschaft:
wer es auf dem Körper tragt, der ist sehr gut geschützt

Vor Schlägen und vor Stichen, ihn vermag auch niemand zu erkennen,
wenn er das Gewand trägt. Dagegen vermag er beides:
Hören und voraussehen,
wie er es will, obwohl ihn selbst niemand erkennt;
dadurch hat er auch viel größere Kraft, wie dies uns die
Geschichte erzählt."

Volker als edler Spielmann erfüllt die Eigenschaften des Getarnten, er kann *hoeren unde spehen*. Es beginnt mit dem Eindringen der Burgonden nach Bayern (1584):

Si fuorten mit in einen   ûz Burgonden lant,
einen helt z sînen handen   der was Volkêr genant.
der redete spaehelîche   allen sînen muot.
swas ie begie her Hagene, daz dûchte den videlaere guot.

Sie hatten einen unter sich aus Burgund
der war ein Held mit dem Namen Volker.

Der vermochte durch seine kluge Rede, allen seine Gesinnung mitteilen.
Was immer Herr Hagen auch tat, das hieß der Meister der Fiedel gut.

Im Nibelungenlied trägt Volker dieses poetische Attribut auch weiterhin (1758):

Dô schieden sich die zwêne   recken lobelich,
Hagen von Tronege   unt ouch her Dietrich.
dô blihte über ahsel   der Guntheres man
nâch einem hergesellen,   den er vil schiere gewan.

Dô sach er Volkêren   bî Gîselhere stên.
den spaehen videlaere   bat er mit im gên,
wande er vil wol erkande, sînen grimmen muot.
er was an allen dingen   ein ritter küene unde guot.

„Da gingen die beiden ruhmreichen Recken auseinander,
Hagen von Tronje und auch Herr Dietrich.
Da schaute der Lehnsmann Gunthers über die Schulter
nach einem Kampfgefährten, den er auch sehr schnell gewinnen konnte.

Er sah nämlich Volker bei Giselher stehen.
Den klugen und mutigen Fiedler bat er darum, ihn zu begleiten,
weil er dessen grimmig kompromißlose Haltung kannte.
Er wußte, Volker war in allen Bereichen ein tapferer und vorbildlicher Ritter."

Hagen blickt über die Schulter, um Volker zu erkennen. Und diesen hat er – entsprechend der Aussage der zweiten Strophe *vil wol erkant*. Das Attribut des edlen Spielmanns *spaehe* ist somit auch auf dessen Handeln zu beziehen, das ihn als kühnen Ritter zeigt.

Die Taten des Volker bis zum Tod als kühner Held zeichnen ihn aus. Ebenso wichtig erscheint jedoch dem Dichter die *rede* des Spielmanns (2009):

Die herren nâch ir müede   die sâzen dô zetal.
Volkêr unde Hagene   giengen für den sal.
sich lehnten über schilde   die übermüeten man,
dô wart dâ rede vil spaehe   von in beiden getân.

„Die ermüdeten Herren setzten sich dort nieder.
Volker und Hagen gingen aus dem Saal hinaus.
Sie lehnten sich auf ihre Schilde, die hochmütigen Männer,
Dort wurden sehr kluge Gespräche von beiden geführt."

Gottfried von Straßburg nennt bei der Darstellung der Schwertleite seines Helden Tristan in einem kritischen Überblick über die großen Epiker seiner Zeit außer Veldeke, Hartmann und dem namentlich nicht genannten Wolfram noch einen weiteren, einen rheinischen Epiker. Den höchsten Rang erkennt Gottfried Hartmann von Aue zu, doch neben Hartmann und Veldeke steht für Gottfried, auf sprachlicher und gedanklicher Ebene Staunenswertes leistend, der Epiker Bligger von Steinach, dessen Werk bis heute nicht aufgefunden bzw. identifiziert wurde:

> *sin zunge, diu die harpfen treit,*
> *die hat zwo volle saelekeit:*
> *daz sint diu wort, daz ist der sin:*
> *diu zwei diu harpfent under in*
> *ir maere in vremedem prise.*
> *Der selbe wortwise,*
> *nemt war, wie der hier under*
> *an dem Umbehange wunder*
> *mit spaeher rede entwirfet...*

„Seine Dichtung, die die Harfe beflügelt,
die hat zwei wundervolle Eigenschaften:
Die eine ist das Wort, die andere ist der Sinn:
Diese beiden ergänzen sich im Harfenspiel
in ihrer Erzählung im Preisen seltsamer Geschehnisse.
Diese Art, die dichterische Sprache zu gestalten,
könnt ihr erkennen
an der wundervollen Gestaltung des Umbehangs,
die mit „spaeher rede" entworfen wurde."

Mit ähnlichen Worten, vermutlich sich an Gottfried anschließend, hat etwas später Rudolf von Ems den Epiker Bligger (*den wisen Blikeren*),

> *Des kunst, des wislicher rat*
> *Den Unbehanc gemalet hat,*

„Dessen Dichtkunst, dessen kluger Entschluß
hat den „Umbehang" zu Bildern gestaltet."
in seinem „Willehalm von Orlens" gerühmt, ausführlicher noch in seinem Alexanderroman (V. 3205-3218):

*eines vundes hat gedacht
der wirt niemer vollebraht,
von Steinach her Blicker.
der vunt ist los und also her
daz aller tihtaere sin
kan niemer vollebringen in,
daz ist der los Umbehanc.
waer er vünf tusent ellen lanc,
man kunde in vollemalen niht:
unz getihtes iht geschiht,
so mac man malen die geschiht
als ieglich aventiure giht, –
da von mac des niht geschehn
daz er iht endes müge jehn.*

Ein Lied hat einer gedichtet,
das künftig kein Mensch mehr vollenden könnte,
nämlich Bligger von Steinach.
Die Erfindung ist so anmutig und erhaben,
daß das Vermögen aller Dichter:
sie nicht nochmals vollbringen könnte;
dies ist der anmutige Umbehang.
Wäre er fünftausend Ellen lang,
könnte man ihn dennoch nicht vollenden.
Wie es in diesem Dichtwerk geschehen ist,
könnte man die Handlung malen,
wie jede einzelne Aventiure abgelaufen ist,
doch kann es nicht geschehen,
daß man jemals an ein Ende kommt.

Die Invention dieser Dichtung, so Rudolf, ist so anmutig (*los*) und zugleich so erhaben (*her*), daß der Kunstverstand aller Dichter sie nicht mehr zustande bringen könnte, und selbst wenn man einen Wandteppich von 5000 Ellen Länge zur Verfügung hätte, könnte man die Geschichte nicht annähernd so vollendet darstellen, wie es der jeweiligen Aventiure zukommt. „Umbehanc" ist offensichtlich nicht als Werktitel verstanden (Gottfried nennt auch bei der Charakteristik der übrigen Epiker keine Werktitel), sondern als metaphorische Umschreibung von Gegenstand und Verfahren: eine fortlaufende Geschichte in Einzelbildern, Aventiuren, wie man sie von Wandteppichen her kannte, von denen der berühmteste, der Teppich von Bayeux, eine bestickte Leinenstoffbahn mit der Darstellung der normannischen Eroberung Englands 1066, die stattliche Länge von 70 Metern hat.

Anders als Rudolf hat Gottfried, bei aller Bewunderung für das harmonische Verhältnis von vollkommener Wortgebung und geheimnisvoller (*gefeineter*) Sinngebung, doch eingeschränkt, daß Wort und Sinn, *sensus litteralis* und *sensus allegoricus*, in dieser Erzählung in fremdartiger Schönheit zusammenstimmen. Von Interesse für unsere Frage ist ebenfalls Gottfrieds Bemerkung, daß der mit Überlegung seine Worte fügende Dichter an seinem „*Umbehanc*" in scharfsinnig-kunstvoller Erzählweise – „*mit spaeher rede*" – Außergewöhnliches gestalte.

Volkers Attribut der *spaehen rede* hat Gottfried von Straßburg Bligger von Steinach zugeteilt:
Neben der der Würdigung des *Umbehangs* durch

Gottfried von Straßburg und Rudolf von Ems spricht auch der urkundliche Befund eindeutig für die Autorenschaft Bliggers. Denn die Wahl der historischen Nibelungensippe und der aus ihr abstammenden Burgunderkönige, zu denen sich schließlich die Salier und Staufer auch zählen konnten, als Figuren des Epos verlangte vom Autor des Nibelungenlieds detaillierten Einblick in die Geschichte Burgunds seit Nibelung I. und in die Reichsgeschichte der Franken. Das Motiv, Worms zum Schauplatz des Geschehens zu wählen, scheint jedoch nicht nur durch den häufigen Aufenthalt der Burgunderkönige Friedrich Barbarossa und Heinrich VI. in Worms bedingt zu sein, sondern sich auch aus der Person des Dichters selbst zu ergeben.

X. Der Bischof Pilgrim von Passau und sein Schreiber Konrad

Es besteht von bayerischer Seite ein seltsames Interesse, Dichter und Verbreitung des Nibelungenlieds für das eigene Land zu vereinnahmen. Eine solche Position vertritt in jüngster Zeit u.a. der Stadtarchivar von Passau, Herbert W. Wurster, dessen provinziell regionale Beanspruchung der Nibelungenstraße und der Ortsnamen an der Donau und dessen Betonung der Region um Passau in ihrer Bedeutung für die Entstehung des Nibelungenlieds angesichts der Machtpolitik der Karolinger, der Ottonen, der Salier und der Staufer im Ostreich nicht ernstgenommen werden kann.[138] Passau und die es umgebenden Orte sind im Nibelungenlied als Handlungsort gerade 3mal genannt, Worms hingegen mehr als 30mal. Das Nibelungenlied stellt ganz eindeutig Worms als Zentrum des Burgondenreiches dar, und Passau spielt nur die Rolle eines Anlaufpunktes; man hat als Heerbann in dieser Bischofsstadt noch nicht einmal übernachten dürfen. Dennoch ist der Verweis auf Bischof Pilgrim von Passau im Nibelungenlied und in der Klage zu beachten. Wir sollten daher auf diese Persönlichkeit ein wenig näher eingehen.

Im Nibelungenlied tritt Pilgrim, Bischof von Passau, als Oheim der drei Burgondenkönige und ihrer Schwester Kriemhild auf. Zunächst wird er beim Hochzeitzug Kriemhilds genannt (B 1292/93), als er mit seinem Gefolge Kriemhild und Rüdiger entgegenreitet; die Handschrift C

1324 nennt als einzige den Übernachtungsort des Hochzeitzuges, nämlich Pledelingen (Platting). Die Einladung Pilgrims, sie sollten in Passau verweilen, lehnt Rüdiger mit der Begründung ab, man müsse ins Hunnenland weiterreiten, weil der Zug dort von vielen Kriegern erwartet werde.

Die zweite Erwähnung Pilgrims durch den Erzähler erfolgt, als die Boten Werbel und Swämmel von Etzels Hof hin nach Worms reiten, – sie sollen die Einladung an den Hunnenhof überbringen – und bei ihm kurz Station machen. Hier wird die Verwandtschaftsbeziehung noch deutlicher: Pilgrim freut sich, die Söhne seiner Schwester wiederzusehen, weil er viel zu selten an den Rhein gelangt. Pilgrim ist somit der Bruder Utes, der Mutter der Burgondenkönige (B 1425).

Schließlich führt auch der Heereszug der Burgonden durch die Bischofsstadt Passau; dort können die Recken aber nicht bleiben, sondern sie müssen jenseits der Donau Zeltlager aufschlagen; dort rasten sie einen Tag und eine Nacht, um schließlich weiterzureiten; von Pilgrim werden sie freundlich behandelt. (B 1624–1627).

Pilgrim wird als Bischof von Passau schließlich in der Klage als Literaturmäzen erwähnt, der durch seinen Schreiber Meister Konrad die Geschichte lateinisch aufschreiben ließ; seit dieser Zeit sei sie auch häufig in deutscher Sprache gedichtet worden (B 4295 ff.).

Helmut Brackert faßt die Schlußfolgerungen zusammen, die man aus diesen Erwähnungen des Bischofs Pilgrim von Passau gezogen hat: „Und wiewohl diese aufschlußreichen Strophen nur in der Klage stehen, die dem

Nibelungenlied erst nachträglich hinzugefügt wurde, hat man in der Tatsache, daß Pilgrim im Nibelungenlied auftritt, eine versteckte Huldigung an den damals amtierenden Bischof und Mäzen Wolfger sehen wollen, dem seit einer Pilgerfahrt ins Heilige Land (1197) der Ehrentitel Pilgrim zustand."[139] Dies sei unbestritten, doch übersieht diese vereinfachende Deutung die wichtigsten Angaben der genannten Textstellen im Nibelungenlied selbst und in der Klage: Vom Bischof Pilgrim wird zunächst gesagt, daß er mit den Wormser Burgondenkönigen und ihrer Schwester Kriemhild mütterlicherseits verwandt ist. Diese Feststellung hat zunächst wenig mit einem Mäzenatentum Pilgrims zu tun. Sie wird vielmehr ergänzt durch die Textaussage des Liedes, daß weder Kriemhild noch später die Burgondenkönige sich in Passau länger aufhalten. Andererseits macht die Klage, die wohl gleichzeitig mit dem Nibelungenlied entstanden ist, die Angabe, das Geschehen an Etzels Hof sei in lateinischer Sprache von Pilgrims Schreiber, Meister Konrad, aufgezeichnet worden. So vielseitig man diese Textstelle auch deuten mag, eines gibt sie in keinem Fall her: die Autorenschaft des deutschsprachigen Nibelungenliedes am Passauer Hof.

Betrachtet man die Nennung Pilgrims als historische Anspielung, dann ist der Hinweis auf die verwandtschaftliche Verbindung zum Wormser Königshof zu wenig beachtet worden. Pilgrim von Passau spricht davon, daß er seine Neffen aus Worms viel zu selten sieht. Dahinter steht die Aussage, daß der Königshof sich wenig in Passau aufhält, im Nibelungenlied nur zum Zweck der Durchreise bei der Verehelichung Kriemhilds mit Etzel und beim Zug der Burgonden an Etzels Hof. Passau war aus der Liedperspektive eben Außenstation, in der Pilgrim froh war über den Kurzbesuch des Hofes.

Nun gibt es neben dem berühmten Pilgrim von Passau, der für die Ausweitung der Kolonisation in Bayern sorgte und bis 991 wirkte, noch weitere Vertreter dieses Namens, auf die sich die Nennung im Nibelungenlied beziehen könnte. Viel früher und in die Zeit des Untergangsszenarios der bayerischen Karolinger passend löste nach der katastrophalen Schlacht bei Preßburg im Jahr 907 Pilgrim von Salzburg den gefallenen Thietmar von Salzburg im Amt des Erzbischofs ab[140]; Pilgrim war zu dieser Zeit auch zuständig für das Bistum Passau, wichtiger erscheint seine Zugehörigkeit zur Hofkapelle, die bruchlos von den letzten Karolingern bis in die Zeit König Konrads I. fortdauerte.[141]

Von besonderer Bedeutung ist in dieser Zeit auch das Passauer Reichskloster Niedernburg, das zur Zeit Königs Arnulf, des Nachfolgers Karls III., von der Königin Oda geleitet und dessen Besitz von ihr z.T. an die Hofkapellane weiterverlehnt wurde.[142] Das Nibelungenlied erwähnt dieses Kloster im Zusammenhang mit Passau und Bischof Pilgrim. Schließlich fand mehr als ein Jahrhundert später Gisela von Bayern, die Gattin des Ungarnkönigs Stephan, nach dem Tod Stephans durch Heinrich III. befreit, in diesem Kloster Niedernburg ihre Zuflucht.[143] Das Bewußtsein, daß Niedernburg königlicher Besitz sei, hat sich bis in die Herrschaftszeit Heinrichs VI. erhalten, denn am 28.3.1193 schenkte Heinrich VI. auf seinem Hoftag in Speyer dem oben genannten Bischof Wolfger von Passau bzw. seiner bischöflichen Kirche St. Stephan in Passau die Abtei St. Maria, identisch mit Niedernburg, mit der Vogtei.[144]

Pilgrim, Erzbischof von Salzburg, gehörte zum Geschlecht der Aribonen[145], das ausgehend vom Grafen der bayerischen Ostmark Aribo (871–909) bekannte Politiker hervorbrachte, z.B. Aribo IV., 1021–1031 Erzbischof von Mainz, oder dessen Vetter Pilgrim, Erzbischof von Köln, gestorben 1036. Aribo und jener jüngere Pilgrim lagen übrigens im Widerspruch in der Frage der Krönung der Gemahlin Konrads II., Gisela; dies trug Pilgrim den Vorzug vor Aribo bei der Krönung Heinrichs III. in Aachen ein.

Einen Pilgrim mit enger Bindung an das Königshaus gibt es auch zur Zeit der Staufer. Eines der herausragenden Ereignisse der Regierung Konrads III. ist der mißlungene Kreuzzug vom Mai 1147 bis zum Frühjahr 1149, der von Regensburg durch Ungarn bis ins Heilige Land führte, ohne das Ziel, die Befreiung Edessas, zu erreichen.[146] Im Zusammenhang mit dem Kreuzzug muß der Bischof von Passau Konrad (1148–1164), später (1164–1168) Erzbischof von Salzburg, als weiterer Pilgrim genannt werden[147], für den das im Nibelungenlied vorgegebenen Kriterium zutrifft, Onkel der Wormser Burgondenkönige zu sein. Zur Erklärung des Verwandtschaftsverhältnisses sind einige weitere Informationen notwendig:

Konrad, Bischof von Passau, ist der Bruder von Otto von Freising, zunächst Propst von Klosterneuburg, dann Abt von Morimond in Burgund, schließlich Bischof in Freising und Geschichtsschreiber für Friedrich I (Barbarossa). Ein weiterer Bruder ist Heinrich (Jasomirgott), lothringischer Pfalzgraf 1140, Markgraf von Österreich 1141–1156, Herzog von Bayern 1143–1156, erster Herzog von Österreich 1156–1177. Neben weiteren Geschwistern aus der zweiten Ehe von Agnes von Waiblingen, Tochter des Saliers Heinrich IV., mit dem Markgrafen Luitpold III., hat Konrad aus der ersten Ehe von Agnes mit Friedrich von Staufen, Herzog von Schwaben, meherer Halbgeschwister: Hervorzuheben sind hier König Konrad III. selbst und Friedrich der Einäugige.[148]

Damit ist Konrad von Passau ebenso wie Otto von Freising der Onkel von Friedrich Barbarossa, der am 11. Mai 1189 von Regensburg zu einem weiteren Kreuzzug über Passau aufbrach, der dem Kaiser und seinem Sohn Friedrich von Schwaben den Tod bringen sollte.[149] Seine Benennung als Pilgrim ergibt sich aus der Teilnahme am Kreuzzug Konrads III.[150]

Konrad, der Bischof von Passau und Onkel Barbarossas, geriet nach seiner Wahl durch den Klerus und die Ministerialen zum Erzbischof von Salzburg 1164 in einen schweren Konflikt mit dem Kaiser, da er dem Papst Alexander III. anhing und die Anerkennung des kaiserlichen Gegenpapstes verweigerte. Daraufhin hielt Barbarossa die Regalien zurück und leitete im Herbst 1165 sogar einen Prozeß gegen seinen Onkel ein. Als Konrad im Februar 1166 auf dem Hoftag in Nürnberg erschien, wurde ihm vorgeworfen, er habe das Erzstift durch Raub (*per rapinam*) inne. Auf dem folgenden Hoftag in Laufen (bei Salzburg) erklärte der Kaiser die Besitzungen der Kirche als seiner Gewalt verfallen. Konrad mußte nach Kärnten ins Exil ausweichen, wo er am 28.9.1168 verstarb.[151]

Konrad von Passau gehörte somit zu den herausragenden Persönlichkeiten der Stauferzeit, die Eingang in das Zeitbewußtsein gefunden haben. Der Nachruf auf Otto von Freising durch den Schreiber Rahewin in den Gesta Frederici gilt in gleicher Weise für dessen Bruder Konrad von Passau:

Er war ja der Neffe Kaiser Heinrichs IV., der Schwestersohn Heinrichs V., der Halbbruder des Königs Konrad, der Oheim des zur Zeit glücklich regierenden erhabensten Kaiser Friedrich, der Sohn des hochberühmten Reichsfürsten Markgraf Leopold und der Tochter Kaiser Heinrichs IV. Agnes; gemeinsame Eltern hatte er mit seinen Brüdern, dem Bischof Konrad von Passau, dem Herzog Leopold von Bayern und dem Herzog Heinrich von Österreich, ferner mit seinen Schwestern, der Herzogin Gertrud von Böhmen, der Herzogin Bertha von Polen und der Markgräfin Ita von Montferrat, der Mutter der Kaiserin N. (Richilda) von Spanien; aus so erlauchter Verwandtschaft stammte er ab, er selbst der edelste Sproß.[152]

Er reiht sich somit in die Ahnentafeln der bekannten Pilgrime ein. Im Vergleich zu Pilgrim, Erzbischof von Salzburg 907, zu Pilgrim, Bischof von Passau, gestorben 991 und zu Bischof Wolfger von Passau, den man ebenfalls wegen dessen Pilgerfahrt als Pilgrim bezeichnen kann, besitzt Konrad von Passau eine Qualität mehr, nämlich die Eigenschaft des Oheims der Wormser Burgondenkönige, die das Nibelungenlied dem Pilgrim von Passau zuschreibt.

XI. Literarische Begegnungen Bliggers II.: Eine Würdigung des weisen Dichters

Wenn der Nibelungenlieddichter seine Deutung der Reichsgeschichte zur Reflexion anbot, konnte er auf ein entsprechendes Bildungsniveau am deutschen Königshof rechnen: auf einen Sinn für literarisch-politische Anspielungen jedenfalls seitens Beatrix von Burgund, der Mittlerin französischer Literaturwerke, und bei ihren Söhnen Heinrich VI. und Philipp von Schwaben und deren Beraterkreis, in dem viele selbst als Poeten und als Literaturliebhaber hervorgetreten sind.

Die bisher u.a. von Panzer und Thomas festgestellten, scheinbar disparaten Anspielungen auf historisch-politische Ereignisse, Personen und Schauplätze lassen sich unschwer auf die Absicht Bliggers zurückführen, dem Epos als verborgene Sinnebene die Geschichte des Reiches seit Karl dem Großen zu unterlegen, seine Glanz- und seine Notzeiten und seine endliche Katastrophe, wie sie der Dichter im Machtkampf der Gegenkönige mit Erschrekken wahrnahm. Die Wahl des Burgonden- und Siegfriedstoffes war dazu besonders günstig, sie wies ein politisch versiertes Publikum auf das reale Burgund, dessen Herrscher nacheinander die Dynastien der Karolinger, Liudolfinger, Salier und Staufer waren und das folglich für das Reich stehen konnte. Da wir zudem annehmen können, daß das primäre Publikum, der Königshof, mit der Genealogie der Königsfamilien und ihrer Nebenlinien, mit der Genealogie der Welfen und der lothringisch-rheinischen Pfalzgrafschaft, mit den Itineraren der Könige und mit dem Reichsgut, mit den Herrschafts- und Besitzverhältnissen im Zentrum des Reiches, Worms und Speyer, ebenso vertraut war wie Bligger selbst, finden wir die entsprechenden Anspielungen auch vor, deren Entschlüsselung über Urkunden mit ihren Zeugenlisten und Chroniken möglich ist. Dies hinsichtlich der Namen, Schauplätze und Ereignisse auf den verschiedenen Zeitebenen aufzuzeigen, ist eine reizvolle und lösbare Aufgabe für die künftige Forschung zum Nibelungenlied. Personennamen sind dabei als Geschlechternamen aufzufassen; sie haben die Angehörigen des Reichsadels auf diejenige Geschlechter verwiesen, die seit karolingischer Zeit eine Rolle in der Reichspolitik spielten, während Ortsnamen als Verweise auf bedeutende Ereignisse der Reichsgeschichte verstanden werden können.

Selbstverständlich erübrigt die inhaltliche Frage nach dem politischen Zweitsinn des Nibelungenliedtextes nicht die andere berechtigte Fragestellungen, etwa die Frage nach den Überlieferungswegen der Handschrift und die Frage nach dem Grund für die baierische Einfärbung des überlieferten Textes. Doch erscheint es von den genannten Voraussetzungen her leichter, dazu eine Erklärung zu finden, als einen Schreiber aus dem wenig bedeutenden Passau, fernab vom Zentrum des Reiches und des Literaturaustausches mit Burgund, die Abfassung des Nibelungenliedes zuzutrauen. Dabei hat auch im Streit um die

Beurteilung der Stoffüberlieferung, die generationenlang die Forschung zu Hypothesen angeregt hat, der hier vorgelegte Ansatz seine Vorteile. Getreu dem Grundsatz „*Scripta manent*", nur das Geschriebene hat Bestand, halten wir uns an die chronikalische und urkundliche Überlieferung, um den historisch-politischen Horizont des Dichters zu erfahren. Über mündliche Überlieferung und erschlossene Vorstufen mögen andere spekulieren. Der Dichter konnte jedenfalls stoffliche Anregungen bereits aus der weitverbreiteten Chronik des sogenannten Fredegar und ihren Fortsetzungen beziehen. Zu deren Verfassern gehört neben Fredegar und Graf Hildebrand von Burgund der burgundische Graf Nibelung, ein Karolingersproß auch er, der die burgundisch-merowingische Vorgeschichte der karolingischen Dynastie bis zum hoffnungsfrohen Herrschaftsantritt Karls des Großen fortführte. Gegen die Fredegar-Chronik gestellt, erscheint das Nibelungenlied wie der Abgesang zum Aufstieg des karolingischen Reiches: als Darstellung der Zerstörung des Reiches durch die Erben Karls: als „der Nibelunge not" oder „der Nibelunge liet".

So rückt der Hofstaat Heinrichs VI. in den Mittelpunkt des Interesses, des Kaisers, der Worms ebenso wie sein Vater als den häufigsten Aufenthaltsort nördlich der Alpen gewählt hat. Zu den Gefolgsleuten Heinrichs, die zu seiner direkten Anhängerschaft gehören, zählen viele deutsche Minnesänger, auch Heinrich VI. wird als solcher benannt. Gleichzeitig gilt der Hof Heinrichs als Umschlagsplatz der epischen Dichtung; beispielsweise hat Graf Friedrich (Erich) von Leiningen im diplomatischen

Dienst Heinrichs VI. die französiche Vorlage des Troja-Romans Herborts von Fritzlar besorgt. Ebenso wurde zur Zeit der Gefangenschaft von Richard Löwenherz der französische Lanzelot-Roman von der Geisel Huc von Morville nach Deutschland gebracht. Am Hof Heinrichs VI. wurde die poetische Leistung neben der politischen durch ein entsprechendes Mäzenatentum gefördert. Immerhin sind die Herren von Leiningen, von Hohenburg, von Gutenberg, von Limburg, von Hausen, von Steinach, von Horheim, von Durne (Walldürn), von Stammheim, von Botenlauben alias Henneberg nicht nur in der politischen Gefolgschaft, sondern auch als Minnedichter in der Manessesammlung bezeugt.

In diesem Personenkreis hat sich Bligger von Steinach bewegt. Im Zusammenhang mit der Abfassung des Nibelungenlieds interessieren dabei einige Persönlichkeiten des staufischen und des Wormser Bischofshofs besonders, da sie als Anreger, als Zulieferer und als Abnehmer des Nibelungenliedstoffes bereits von ihrer Abstammung her verdächtig sind.

Zunächst fällt uns natürlich der Geistliche **Nibelung** (*Nibelungus*) ins Auge, der in einer frühen Urkunde von 1140 oder 1141 als Schatzmeister des Doms und Archidiakon der Pauluskirche bezeichnet wird (*Nibelungus maioris ecclesie thesaurarius et ecclesie sancti Pauli archidiaconus*).[153] Dieser Nibelung ist bereits dem Vater Bliggers II. bekannt, er unterzeichnete nämlich die Gründungsurkunde des Kloster Schönau aus dem Jahr 1142, in der der Geschlechtername Bliggers I., des Klosterstifters, zum ersten Mal auf den Ort Steinach (= Neckarsteinach) festgelegt wird.¹⁵⁴ Zu den Unterzeichner gehört ebenso der Bruder Bliggers mit Namen Konrad, der 1150 zum Bischof von Worms avancierte. Nibelung ist in den Urkunden bis 1160 oder 1161 nachweisbar¹⁵⁵, er trat 1154 bei der Einigung des Domstifts mit dem Kloster Gorze hinter dem Bischof Konrad von Steinach unter dem Titel *Vicedominus*, Stellvertreter des Bischofs, auf.¹⁵⁶ Von Nibelung wurden im Innern des Wormser Doms Wandteppiche in Form einer Bildwirkerei mit Spruchbändern aufgehängt, deren Text uns die Wormser Chronik des 13. Jahrhundert überliefert hat.¹⁵⁷

Bedenkt man, daß Mitglieder der Familie der Nibelungen bis zum Interregnum in Worms kirchliche und städtische Ämter kontinuierlich besetzt haben¹⁵⁸, dann erscheint es schon als Betriebsblindheit, wenn Uwe Mewes bei seiner Untersuchung der urkundlichen Zeugnisses der Minnesänger in den Regesten zu Bligger von Steinach den Kustos Nibelung im ersten Regest zwar erwähnt, ihn auch als „Domschatzmeister" würdigt, als Germanist aber nirgends auf die Idee kommt, daß jener Nibelung von Worms etwas mit dem Nibelungenschatz oder dem Nibelungenlied mit Hauptschauplatz Worms zu tun haben könnte. Immerhin hat Mewes den ehrenden Versuch unternommen, die „Vernachlässigung der Aufarbeitung der urkundlichen Zeugnisse der Minnesänger" durch die germanistische Forschung mit seinen Bligger-Regesten wettzumachen. Dabei ist ihm aber der schwerwiegende Fehler unterlaufen, nicht die Gesamtheit der Zeugenlisten aufzunehmen, sondern nur die Persönlichkeiten zu beachten, die literaturhistorisch bekannt sind. Damit hat er sich –

wie viele Vertreter seines Faches – erst einmal systematisch vor jeder naheliegenden neuen Erkenntnis von Kontakten und Begegnungen des Dichters Halt gemacht, die sich aus den Beurkundungen fast zwangsläufig ergeben. Dies hat dazu geführt, daß in der hektischen Suche nach Bliggers verlorenem *Umbehang*, seinem großen und anerkannten epischen Werk, auf der Basis von Spekulationen und ohne sachliche Begründung der Moritz von Craûn dem Dichter zugeordnet wurde; gleichzeitig wurde Bliggers Bezug zur karolingischen Familie der Nibelungen bis heute nicht wahrgenommen, obwohl er am Schauplatz des Nibelungenlieds in Worms historisch sichtbar und nachweisbar wird.

Neben den zunächst regional erscheinenden Verbindungen zwischen dem Schatzmeister des Doms Nibelung und Bliggers Familie geben die Bligger-Urkunden im Gefolge Heinrichs VI. vor und während dessen erfolgreichem Italienfeldzug weitere Aufschlüsse auf das Beziehungsfeld am Kaiserhof, das Bligger II. offenstand. So begegnete Bligger im Juli 1193 dem Bischof der burgundischen Stadt Apt namens **Guirann** in Kaiserslautern.[159] Guirann erhielt dort von Heinrich VI. die Bestätigung von Schenkungen und Abgabenfreiheiten seines Bistums.[160] Heinrich übte hier seine Herrschaftsrechte über die Stadt und das Bistum Apt in der Provence aus, das noch im 10. Jahrhundert von der Familie des Nibelung, Vicecomte in Cavaillon nahe Arles, reich beschenkt wurde.[161] Der Bruder dieses Nibelung war Engelran, Bischof von Cavaillon, der 991 zusammen mit dem Erzbischof von Aix namens Amalrich (991–1024) die Konstitution des Stiftes in Apt unter Bischof Dietrich unterzeichnete.[162] Diese Urkunde wurde unter der Regierung des König Konrad von Burgund, des Königs der Alemannen und der Provence, ausgestellt. Es handelt sich König Konrad von Burgund, Schwager Kaisers Otto des Großen und Vater des kinderlosen Burgunderkönigs Rudolf III, der durch die Salierkaiser Konrad II. und Heinrich III. 1032 beerbt wurde, weil Heinrich III. in weiblicher Linie von eben jenem Konrad von Burgund abstammte. Heinrich VI. handelte bei der Urkunde 1193, die er in Kaiserslautern für Guirann von Apt ausstellte, als Sohn von Barbarossa und Beatrix von Burgund in der Rechtsnachfolge dieses Burgunderkönigs Konrad von Burgund, in dessen Territorium Nibelung als *Vicomte* und Bruder des Bischofs Engelran von Cavaillon auftrat. Diesen Anspruch nahm Heinrich – auch als Nachfahre König Konrads in weiblicher Linie – bereits vor dem Tod seines Vaters Kaiser Friedrich Barbarossa wahr, als er im August 1186 in Gubbio dem Bischof Guirann von Apt nach Leistung des Treueides und des Hominiums, der Gefolgschaftsverpflichtung, die Regalien, die Herrschaftsrechte, des Hochstifts übertrug.[163] Damit trat der 21jährige Heinrich als König von Burgund auf und nicht sein Vater, obwohl dieser sich bei der Verheiratung seines Sohnes mit Konstanze von Sizilien am 27.11.1186 selbst zum burgundischen König krönen ließ.

Dieser historische Hintergrund, Friedrich Barbarossa und Heinrich VII. als Könige von Burgund und die Herleitung ihrer Ansprüche auf die Herrschaft über Burgund, war Bligger II. von Steinach bewußt, als er in Kaiserslautern dem Bischof von Apt beggnete, dessen Rechte Kaiser Heinrich VI. als König von Burgund bestätigte.

Auf dem Zug Heinrichs VI. im Folgejahr 1194 begleitete Bligger von Steinach den Kaiserhof nach Piacenza und traf dort mit **Bonifaz, Markgraf von Montferrat,** zusammen.[164] Dessen Hof gilt als viel besuchtes Zentrum provenzalischer Dichtung, der Markgraf war ein Gönner der höfischen Troubadoure, wie die Briefe des Raimbaut de Vaqueiras es ausweisen: „Wahrhaftig, Alexander hinterließ euch seine Freigebigkeit, Roland und die zwölf Pairs ihre Kühnheit und der wackere Berart Frauendienst und anmutige Rede. – An eurem Hofe herrschen jegliches Wohlverhalten, Gaben und Minnedienst, schöne Kleidung und Bewaffnung, Trompeten, Spiele, Geigen und Gesang."[165] Joachim Bumke hat auf die sehr enge Verbindung zwischen den Staufern und den Markgrafen von Montferrat hingewiesen, die zu ihren engsten Verbündeten in Norditalien gehörten: „Besonders eng waren die Kontakte 1186–1187, als sich Heinrich VI., nachdem er Konstanze von Sizilien geheiratet hatte und von seinem Vater zum König von Italien ernannt worden war, fast zwei Jahre lang in Italien aufhielt, und dann wieder 1193–1194, als Bonifaz II: von Montferrat monatelang als Gast des Kaisers in Deutschland war und anschließend Heinrich VI. auf seinem Zug gegen Sizilien begleitete."[166] Auf diesem Heerzug spätestens hatten Bonifaz und Bligger II. Gelegenheit genug, im Gefolge des Dichters Heinrich VI. Einblicke in die Machtverhältnisse des Königshofes zu gewinnen und Anregungen zur Handlungsstruktur des Nibelungenlieds einzuholen. Die Briefe des Raimbaut de Vaqueiras mit dem Ruhm des Hofes von Montferrat scheinen Teile der im Nibelungenlied enthaltenen Strophen über die höfischen Feste, Turniere und Kleider direkt widerzuspiegeln. Sicherlich ist Bumkes Folgerung zu weitgehend, wenn er verlangt, daß ernsthaft erwogen werden müsse, „ob das Zentrum des staufischen Lyrikerkreises vielleicht in Italien gelegen hat."[167] Daß die Bezeugungen von Friedrich von Hausen und Ulrich von Gutenberg 1186 sowie von Bligger von Steinach und Bernger von Horheim 1194 und 1196 im überwiegenden Teil aus Italien stammen, liegt wohl weniger am dort vorhandenen Zentrum des Mäzenatentums, sondern eher an der persönlichen Einbindung in den Königs- bzw. Kaiserhof Heinrichs VI., dessen politische Ambitionen und Ehebindung an Konstanze von Sizilien das Engagement in Italien zwingend gefordert haben. Der Hof von Montferrat war sicherlich ein Umschlagplatz des provenzalischen Literaturbetriebs und der Chansons de geste, der den deutschen Lieddichtern eine Vielfalt von Anregungen geboten hat; die Herkunft der Minnesänger und das Itinerar Heinrichs VI. verweist aber viel stärker auf Worms als Zentrum des Hofes und des Literaturkreises zurück.

Die Beziehung des Bonifaz II., der nach der Eroberung von Konstantinopel König von Tessalonike wurde (1204), zu Burgund folgt aus der Genealogie: Bonifaz Großmutter war Gisela von Burgund, Witwe des Grafen Humbert II. von Savoyen.[168] Die Staufernähe ergibt sich zunächst über seine Mutter, Judith von Österreich, Tochter von Leopold III. von Österreich.[169] Bonifaz Onkel waren demnach die Bischöfe Otto von Freising, Verfasser der Geschichte der Taten Friedrich Barbarossas, der *Gesta Friderici*, und Konrad von Passau, den wir oben als einen der

Pilgrime erwähnt haben. Zudem verehelichte Friedrich Barbarossa seine Tochter Sophia mit dem Sohn von Markgraf Bonifaz, dem Markgrafen Wilhelm II. von Montferrat. Dieser wurde somit zum Schwager des späteren Kaisers Heinrich VI. und Philipps von Schwaben. Daher waren Barbarossas Tochter Sophia und ihr Gatte Wilhelm von Montferrat beide Urenkel der Agnes von Waiblingen: sie aus deren erster Ehe mit Friedrich von Staufen, er aus deren zweiter Ehe mit Leopold von Österreich.[170]

Bonifaz' Bruder Markgraf Konrad wurde 1192 in Akkon zum „König von Jerusalem" erwählt, nachdem er widerrechtlich Isabella, die jüngere Tochter des vormaligen Königs von Jerusalem, geheiratet hatte. Dessen Name *Amalrich* ist uns aus dem Nibelungenlied wohlbekannt, als der Zug der Burgonden bzw. Nibelungen unter Leitung Hagens versucht, die überschwemmte Donau zu überqueren. Bedenkt man, daß Bligger II. zwischen 1184 und 1193 im Reich urkundlich nicht nachweisbar ist, sich aber 1194 im Gefolge des Kaisers Heinrich VI. und des Bonifaz von Montferrat II. befunden hat, so ist zumindest nicht auszuschließen, daß er wie Friedrich von Hausen den Kreuzzug Friedrichs Barbarossa oder Leopolds V. und die dramatischen Ereignisse vor Akkon miterlebt hat, in deren Ablauf die befestigte Stadt Akkon dem Sultan Saladin durch die Markgrafen von Montferrat und Richard Löwenherz entrissen werden konnte, aber auch Konrad von Montferrat kurz nach seiner Erhebung zum König von Jerusalem in der Nachfolge von Amalrich ermordet wurde.[171] Diese Frage ist auf der Basis der Urkundenlage nicht zu entscheiden. Bligger II. konnte die Ereignisse durch seinen Aufenthalt in Italien im Juni 1194 beim Zusammentreffen mit dem Literaturmäzen Bonifaz II. von Montferrat genauso in Erfahrung bringen wie durch die direkte Teilnahme am Kreuzzug, dessen Verlauf am Hof durchaus bekannt war. Auch die Erwähnung des Wertes der Stadt Damaskus für Saladin und des eigenen Heimwehs in einem der drei überlieferten Spruchdichtungstexte Bliggers liefert keinen direkten Beweis dafür, daß Bligger selbst am Kreuzzug teilgenommen hat. Viel bedeutsamer erscheint, daß Bligger von Steinach ohne Zweifel einen umfassenden Einblick in die politische Situation des staufischen Kaiserhauses zur Zeit der Kreuzzüge nehmen konnte. Durch den Kontakt zum Hause Montferrat im Jahr 1194 besteht die Möglichkeit bis zum Grad der hohen Wahrscheinlichkeit, daß er nicht nur die dramatische Situation des Untergangs der Kreuzfahrer in Kleinasien, sondern auch die Geschichte der beteiligten Familien genau in Erfahrung bringen konnte. Und in der Frage der Herkunft des beteiligten Hochadels spielt tatsächlich Burgund eine entscheidende Rolle.

Auf den ersten Blick nicht so spektakulär, für die literarische Anregung aber ebenso bedeutsam, ist das Zusammentreffen Bliggers II. mit **Robert von Walldürn**, der den Kaiser Heinrich VI. eigentlich ohne Unterbrechung von 1187 bis 1196 begleitet hat und deshalb in diesem Zeitraum bei ca. 130 Königs- bzw. Kaiserurkunden Heinrichs mitunterzeichnete.[172] Robert gehörte damit zu dem engsten Hof- und Beraterstab des Kaisers. Er war wie Bligger II. von Steinach kein Ministerialer, sondern wie dieser Angehöriger eines edelfreien Geschlechts, das im hinteren

Odenwald, also in direkter Nachbarschaft zu den Steinachern seinen Sitz hatte. Robert von Walldürn gilt als Förderer des Dichters Wolfram von Eschenbach; dieser trug das V. Buch des Parzival auf Roberts Burg Wildenberg bei Amorbach vor (Parz. V, 230, 13).[173] Die Vorlage des Parzival, den *Perceval* des Chrestien, hat Wolfram eventuell von Robert von Walldürn erhalten, der 1190 mit Philipp, dem Grafen von Flandern, zusammentraf, der wiederum als Gönner Chrestiens gilt.[174] Die Begegnung zwischen Robert von Walldürn und Bligger von Steinach ist am 3.6.1194 in Piacenza im Heerlager des Kaisers beurkundet, wohl noch vor der Entstehung des Parzival einerseits und des Nibelungenlieds andererseits. Dort traf Bligger gleichzeitig auf Bonifaz, den Markgrafen von Monferrat. Die Gleichrangigkeit des Standes sowie das gemeinsame literarische Interesse an der epischen Dichtung macht einen intensiven Austausch der politischen und poetischen Ansichten zwischen beiden Persönlichkeiten sehr wahrscheinlich.

Zu dem Heeresverband stieß spätestens im Juni 1194 Graf **Siegfried II. von Mörle**, Sohn von Graf Siegfried I. von Mörle und dessen Gattin Alberadis von Leiningen.[175] Arthur Wyss hat im Rahmen des Hessischen Urkundenbuchs bereits 1899 festgestellt, daß Siegfried II. von Mörle der Eheverbindung zwischen dem Passauer Grafengeschlecht von Peilstein und dem Hause Leiningen entstammt und deshalb gleichzeitig als Graf von Mörle (Ober-Mörlen, Kreis Friedberg, Hessen) und als Graf von Peilstein (Wüstung bei Forst, Bezirk Melk, Niederösterreich) auftrat. Siegfried II. von Peilstein/Mörle ist Bligger wahrscheinlich schon vorher, im März 1193, in Speyer begegnet, als Heinrich VI. die Schenkung der Vogtei über das Passauer Kloster Niedernburg an das Hochstift Passau vollzog.[176] Zu diesem Hoftag, der zeitlich in etwa mit der Einigung zwischen Kaiser Heinrich und dem auf dem Trifels gefangenen Richard Löwenherz zusammenhängt, waren die Großen Österreichs, an erster Stelle Herzog Leopold mit seinem gleichnamigen Sohn, die Grafen von Bogen, aber auch Hademar von Küenringen und Herrand von Wildungen in Speyer anwesend, auch Bischof Wolfger selbst, der diese Urkunde nicht unterzeichnete, aber die vorangehende des gleichen Tages (23.3.1193) und die folgende vom 29.3.1193.[177]

Nun sind die Grafen von Peilstein Abkömmlinge der Grafen von Tengelingen, die selbst wieder von den Adelssippen der Aribonen und Sigehardingern abstammen, von denen sich auch die Staufer herleiten.[178] Dieses Geschlecht der Tengelinger wird im Epos „König Rother" als Gönner gerühmt; deshalb hat man die Nachfahren Konrads I. von Peilstein für die Mäzene des „Rother" gehalten.[179] Diese sind aber niemand anders als Siegfried I. und Siegfried II. von Mörle/Peilstein. Die regionale Bindung der „Tengelinger" bzw. Peilsteiner an den niederösterreichischen Raum, die einem Mäzenatentum zunächst entgegenzustehen scheint[180], hat es somit historisch nicht gegeben, sondern die dynastischen Eheverbindungen und die Reichspolitik Heinrichs vom Wormser Raum aus (Worms, Hagenau, Speyer, Trifels) hat intensive Verbindungen auch zum Passauer Raum geschaffen. Der Herrschaftsanspruch des Königshofs und die Gefolgschaft der königstreuen Partei führte auch den österreichischen Adel in den Wormser Raum. Gerade die Urkunden zur Gefangenschaft und Freigabe von Richard Löwenherz bezeugen dies. Zudem verpflichtete der triumphale Zug Heinrichs nach Italien 1194 die Stützen der kaiserlichen Universalpolitik aus Österreich und Bayern zur Gefolgschaft, die Garanten der kaiserlichen Politik stammen aber in erster Linie aus dem pfälzischen und schwäbischen Raum. Der Staatsgefangene Richard Löwenherz wurde ebenso wie später der normannische Staatsschatz auf dem pfälzischen Trifels gesichert, während Marquard von Annweiler als Vertreter der deutschen Königsmacht in Sizilien zurückblieb.

Siegfried II. von Peilstein/Mörle ist vom Italienzug Heinrichs VI. wahrscheinlich nicht zurückgekehrt. Wir kennen seine Todesursache nicht, er kann nicht sehr alt geworden sein. Es ist durchaus möglich, daß Bligger von Steinach ihn in Anerkennung seines Mäzenatentums zu einer der Hauptfiguren des Nibelungenlieds gemacht hat. Einen Hinweis hierauf bietet die Geschichte der Unternehmungen Friedrich I., in der Siegfried von Mörle als *comes S. de Niderl*, als „Siegfried, Graf von Niederland" bezeichnet wird.[181] Schließlich hat auch unser Nibelungenlieddichter das Attribut für seinen Helden in gleicher Weise formuliert: Siegfried, der Held von Niederland.

Schließlich sind wir sicher, daß Bligger von Steinach dem Literaturmäzen **Wolfger von Passau** mehrfach begegnet ist. Wolfger hielt sich, wie oben beschrieben, 1193 zur Zeit der Verhandlungen über den gefangenen Richard Löwenherz zusammen mit dem österreichischen und bayerischen Hochadel in Speyer auf und erhielt dort auch die Befreiung der Abtei Niedernburg in Passau von den königlichen Vogteirechten.[182] Der Aufenthalt Bliggers an Heinrichs Hof zu dieser Zeit ist wahrscheinlich, aber nicht belegt. Sicher ist aber, daß Bligger Wolfger zur Regierungszeit Ottos IV., im November 1209, bei der Belehnung des Pfalzgrafen Hildebrand in St. Miniato begegnet ist.[183] Wolfger trug auf dem Italienzug Ottos IV. bereits die Würde des Patriarchats von Aquileia. Bei der Beurkundung war auch der Markgraf **Azzo von Este** anwesend, dessen Familie als Förderin der Literatur gilt[184] und wohl ein großes Interesse am Nibelungenlied hatte, das zu dieser Zeit bereits gedichtet war. Denn das Haus Este stammt von den Burgundischen Welfen und den historischen Nibelungen ab, deren Familie einst Graf Nibelung I. von Burgund begründet hatte.[185] Über die Begegnung mit Wolfger von Passau und Azzo von Este sind aller Wahrscheinlichkeit Abschriften vom Nibelungenlied Bliggers von Steinach angeregt worden, deren Schreiber den Worms-Bezug der Dichtung aus mangelnder Ortkenntnis vernachlässigten bzw. entstellten.

Joachim Bumke ist es 1996 auf dem Nebenschauplatz der „Klage", des Beiwerks zum Nibelungenlied, gelungen, die vorrangige Bedeutung der bislang hintangestellten Fassung C nachzuweisen[186], die den Wormser Raum durch lokale Anspielungen präzisiert; hierzu einige Beispiele:

Da wird zunächst der Brunnen in Odenheim benannt, an dem Siegfried erschlagen wurde (NL C 1013).[187] In diesem Odenheim wurde von den Lehnsherrn Bliggers von Steinach, den Grafen von Lauffen, 1122 eine Benediktinerabtei gestiftet.[188] Nur die Handschrift C berichtet von diesem Ort.

Nur in C ist die Stiftung Utes zugunsten der Abtei Lorsch genannt, die durch die Stiftung Kriemhilds ergänzt wurde. Nur in C wird die Exhumierung und nachfolgende Bestattung Siegfrieds in Kloster Lorsch erwähnt (NL C 1157–1165). Die Stiftung Utes ist im Lorscher Codex historisch 772 und 779 überliefert[189], ebenso wie die Schenkung Kriemhilds vom Jahr 774 betreffend Gut in Handschuhsheim.[190] Daß zur gleichen Zeit Ute dem Kloster Fulda Güter in Mainz, dabei ihren Hörigen Dankrat, schenkte und Gunther diese Urkunde unterzeichnete, erlaubt den Schluß, daß in der Handschrift C der Wormser Hof der karolingischen bzw. nibelungischen Herrschaftsfamilie historisch greifbar ist.

So überliefert die Handschrift C als die ausführlichste und künstlerisch hochwertigste auch sehr genau die geographische Lage der Stadt Worms. In Strophe 1519 und 1520 heißt es hingegen in Handschrift B:

Die snellen Burgonden   sich úz húoben
dô wart in dem lande   ein michel uoben.
beidenthalp der berge   weinde wîp und man.
swi dort ir volc getaete,   si fuoren vroelîche dan.

„Die tapferen Burgonden rüsteten sich;
da entstand im Land große Geschäftigkeit.
Beiderseits der Berge weinten Frau und Mann.
Egal, was ihr Volk dort tat, sie brachen fröhlich auf."

Die unverständliche Beschreibung des Wormser Gebiets bezeugt die Unkenntnis der geographischen und politischen Situation seitens des Schreibers der Handschrift B. In NL 1519 hat Fassung a ©:

paidenhalbn des Raines   wainten weip und man.
„Beidenhalb des Rheines weinten Frau und Mann."

Das Nibelungenlied in den uns überlieferten Fassungen macht Aussagen zur Situation der Zeitgeschichte, was Reichszentrum, Tradition und Schicksal der herrschenden Dynastie betrifft. Trotz der dem Lied innewohnenden Kritik an der Königssippe ist die Abhängigkeit des Verfassers von ihrer politischen Ausrichtung in jeder Aventiure nachvollziehbar. Die Würdigung des Bligger II. von Steinach durch Gottfried von Straßburg, den „Umbehang", das Nibelungenlied betreffend, ist naheliegend, wenn man bedenkt, daß er mit denselben Mäzenen wie Bligger umgegangen ist: Gottfried Zidelarius, dessen Identität mit Gottfried von Straßburg wahrscheinlich gemacht wurde, bezeugte die Urkunde des Königs Philipp von Schwaben 1207 zugunsten des Azo von Este zusammen mit Wolfger von Aquileia und Heinrich von Neifen, dem Vater des Minnesängers.[191] Wolfger von Passau fühlte sich wohl zuständig nicht nur für die Literaturförderung, sondern viel stärker noch für die Verbreitung politischer Literatur. In Bligger II. von Steinach fand er den genialen politischen Dichter vor, der, über die französischen *Chansons de geste* hinausgehend die karolingische Dynastie der Nibelungen als epische Heldenfiguren darstellte und ihre übergroße politische Härte als Ursache des Untergangs des Burgunderreichs kritisierte. Das Lied der Nibelungen ist gleichzeitig der geniale Abgesang unseres Dichters auf die höfischen Rittertugenden.

Quellen

Acta Imperii inedita saeculi XIII et XIV. Urkunden und Briefe zur Geschichte des Kaiserreiches und des Königsreiches Sizilien. Hrsg. v. Eduard Winkelmann, Bd. 1–2. Innsbruck 1880 u. 1885 (Neudruck Aalen 1967) (zitiert: Winkelmann).

Bischof Otto von Freising und Rahewin: Die Taten Friedrichs oder richtiger Chronica. Übers. v. Adolf Schmidt, hrsg. v. Franz-Josef Schmale (Ausgewählte Quellen zur deutschen Geschichte des Mittelalters, Freiherr vom Stein – Gedächtnisausgabe Bd. XVII). Darmstadt 1974.

Böhmer, Johann Friedrich: Regesta Imperii IV. Die Regesten des Kaiserreichs unter Heinrich VI. 1165 (1190)–1197. Neubearb. von Gerhard Baaken. Köln u. Wien 1972. Zitiert als RI.

Cartulaire de l´abbaye de Gorze (Ms. 826 de la Biblithèque de Metz), publié par A. d´Herbomez, Paris 1898 (Mettensia II) (zitiert: UB Gorze).

Cartulaire de l´église d´Apt (835–1130 ?), éd. par Noel Didier, Henri Dubled, Jean Barruol, Paris 1967.

The Cartulary of Flavigny 717–113, ed. By Constance Brittain Bouchard, Cambridge, Massachusetts 1991 (zitiert: Cart. Flav.)

Chronik der Landschaden von Steinach. In: Langendörfer, Friedrich: Die Landschaden von Steinach (Geschichtsblätter für den Landkreis Bergstr. Bd. 1). Heppenheim 1971, S. 182–195.

Codex Laureshamensis. Hrsg. v. Karl Glöckner. Bd. 1–3 Darmstadt 1933 (zitiert: LC).

Codex Manesse. Katalog zur Ausstellung vom 12. Juni bis 2. Oktober 1988. Hrsg. v. Elmar Mittler und Wilfried Werner, Heidelberg 1988.

Codex Diplomaticus Fuldensis. Hrsg. v. Ernst Friedrich Johann Dronke. Neudruck der Ausgabe 1850, Aalen 1962 (zitiert: CF).

Das Hildebrandslied. In: Braune/Ebbinghaus, Althochdeutsches Lesebuch, 14. Aufl. 1962, S. 84.

Das Nibelungenlied. Hrsg. v. Helmut de Boor, 19. Aufl. Wiesbaden 1967.

Das Rolandslied des Pfaffen Konrad nach der Ausgabe von Carl Wesle, Halle (Saale) ^{3}1966.

Das Verbrüderungsbuch der Abtei Reichenau. Hrsg. v. Johanne Autenrieth, Dieter Geuenich und Karl Schmid, Hannover 1979.

Das Wessobrunner Gebet. In: Althochdeutsches Lesebuch, hrsg. v. Wilhelm Braune, bearb. V. Ernst A. Ebbinghaus, Tübingen ^{14}1962, S. 85 f.

Der Nibelunge Noth und die Klage. Hrsg. v. Karl Lachmann. 6. Ausgabe Berlin 1960.

Die vier Bücher der Chroniken des sogenannten Fredegar (= Ausgewählte Quellen zur deutschen Geschichte des Mittelalters, Freiherr vom Stein – Gedächtnisausgabe Bd. IV a). Darmstadt 1982, S. 44–271.

Die Fortsetzungen der Chroniken des sogenannten Fredegar (= Ausgewählte

Quellen zur deutschen Geschichte des Mittelalters, Freiherr vom Stein – Gedächtnisausgabe Bd. IV a). Darmstadt 1982, S. 272--325.

Die Franken. Wegbereiter Europas. Katalog, 2 Bde, Mannheim/Mainz 1996.

Die Inschriften der Stadt Worms. Hrsg. Rüdiger Fuchs (Die Deutschen Inschriften, hrsg. v. d. Akademien der Wissenschaften Düsseldorf, Göttingen, Heidelberg, Mainz, München und österreichischen Akademie der Wissenschaften in Wien. 29. Bd., Mainzer Reihe 2. Bd.), Wiesbaden 1991

Die Zeit der Staufer. Geschichte – Kunst – Kultur. Katalog der Ausstellung, hrsg. v. Württembergischen Landesmuseum Stuttgart, Stuttgart 1977, Bd. IV, Karten III und IV.

Gottfried von Straßburg: Tristan und Isold. Hrsg. v. Friedrich Ranke. 5. Aufl. Berlin 1961.

Gudenus, Valentin Ferdinand v.: Sylloge 1 variorum diplomatariorum monumentorumque veterum ineditorum adhuc, et res Germanicas in primis vero Moguntinas illustrantium. Frankfurt am Main 1728 (zitiert: Gudenus, Sylloge).

Hessisches Urkundenbuch. 1. Abt., Urkundenbuch der Deutschordens-Ballei Hessen. Hrsg. v. Arthur Wyss (= Publicationen aus den K. Preußischen Staatsarchiven 3. Bd.). Stuttgart 1879 (Neudruck Osnabrück 1965).

Jahrbücher von St. Bertin (Annales Bertiniani). In: Quellen zur karolingischen Reichsgeschichte, 2. Teil, bearbeitet von Reinhold Rau (= Freiherr vom Stein-Gedächtnis-Ausgabe, Bd. 6) Darmstadt 1961.

Lorscher Codex Deutsch. Urkundenbuch der ehemaligen Fürstabtei Lorsch. Übersetzung von Karl Josef Minst. Lorsch 1966 (zitiert LC).

Monumenta Germaniae Historica, Diplomata (Die Urkunden der deutschen Könige und Kaiser). Hannover 1879 ff. (zitiert: MGH DD).

Monumenta Germaniae Historica, inde ab anno Christi quingentesimo usque ad annum millesimum et quingentesimum, edidit Georgius Heinricus Pertz, Diplomata Imperii I., Hannover 1872. (zitiert: MG. DD. Reg. Franc. e stirpe Merow.)

Monumenta Germaniae Historica Scriptores rerum Germanicarum, Nova Series (zitiert: MGH SS rer. Germ.)

Recueil des Chartes de Saint-Germain-des Prés, Hrsg. René Poupardin, Paris 1909.

Regesta Alsatiae aevi Merovingici et Karolini 496 – 918, I. Quellenband, hrsg. v. Albert Bruckner, Straßburg – Zürich 1949 (zitiert: Reg. Als.)

Rudolf von Ems: Alexander. Ein höfischer Versroman des 13. Jahr-hunderts. Hrsg. v. Victor Junk. 2. Aufl. Darmstadt 1970.

Rudolf von Ems: Willehalm von Orleans. Hrsg. v. Victor Junk. 2. Aufl. Dublin u. Zürich 1967.

Traditiones Wizenburgenses. Die Urkunden des Klosters Weissenburg 661–864, hrsg. v. Anton Doll, Darmstadt 1979 (Arbeiten der Hessischen Kommission Darmstadt) (zitiert: Trad. Wiz.).

Urkundenbuch der Stadt Worms. Hrsg. v. Heinrich Boos. Bd. 1–3. Berlin 1886–1893 (zitiert: WUB).

Urkundenbuch des Klosters Fulda 1: Die Zeit der Äbte Sturmi und Baugulf, hrsg. v. Edmund Ernst Stengel (Veröffentlichungen der Histor. Kommission für Hessen und Waldeck X, 1), Marburg 1958 (zitiert: Stengel, UB Fulda)
Urkundenbuch des Klosters Otterberg in der Rheinpfalz. Hrsg. v. Michael Frey u. Franz Xaver Remling. Mainz 1845 (zitiert: OUB).
Urkundenbuch zur Geschichte der Bischöfe zu Speyer. Hrsg. v. Franz Xaver Remling. Bd. 1. Mainz 1852 (zitiert: SpUB).
Waltharius, Ruodlieb, Märchenepen. Hrsg. und übersetzt v. Karl Langosch. Berlin o.J.
Winkelmann, Eduard: Acta Imperii indedita saeculi XIII. et XIV. Urkunden und Briefe zur Geschichte des Kaiserreichs und des Königreichs Sizilien, Bd. I, Innsbruck 1880 (Neudruck Aalen 1964).
Wormser Chronik von Friedrich Zorn, mit den Zusätzen Franz Bertholds von Flersheim hrsg. v. Wilhelm Arnold [Bibliothek des litterarischen Vereins in Stuttgart XLIII.], Stuttgart 1857, Nachdruck Amsterdam 1969.

Darstellungen

Backes, Magnus; Caspary, Hans; Dölling, Regine: Kunsthistorischer Wanderführer. Rheinland-Pfalz und Saarland. Stuttgart 1971.
Bayer, Hans: Hartmann von Aue. Die theologischen und historischen Grundlagen seiner Dichtung sowie sein Verhältnis zu Gunther von Pairis (Beihefte zum „Mittellateinischen Jahrbuch", hrsg. v. Karl Langosch, 15). Kastellaun 1971
Becher, Wolfram: Im Schatten der Heiligen Bilhildis: Gedanken über die Herkunft der Besitzungen des Alt- oder Hagenmünsters zu Mainz im Bauland und östlichen Odenwald. In: Zu Kultur und Geschichte des Odenwaldes. Festgabe für Gotthilde Güterbock, hrsg. v. Winfried Wackerfuß, Peter Assion und Rolf Reuter, Breuberg-Neustadt 1976, S. 29–40.
Bender, Karl-Heinz: König und Vasall. Untersuchungen zur Chanson de Geste des 12. Jahrhunderts. Heidelberg 1967.
Berendes, Hans Ulrich: Die Bischöfe von Worms und ihr Hochstift im 12. Jahrhundert. Diss. Köln 1984.
Bertau, Karl: Deutsche Literatur im europäischen Mittelalter. 2 Bde. München 1972–1973.
Beumann, Helmut : Grab und Thron Karls des Großen zu Aachen. In: Karl der Große. Lebenswerk und Nachleben, hrsg. v. Wolfang Braunfels, Bd. IV: Das Nachleben, hrsg. v. Wolfgang Braunfels und Percy Ernst Schramm, Düsseldorf 1967, S. 9–38;
Bischoff, Bernhard: Panorama der Handschriftenüberlieferung aus der Zeit Karls des Großen. In: Karl der Große – Lebenswerk und Nachleben. Bd. 2, Hrsg. v. H. Beumann. Düsseldorf 1965, S. 233–254 .
Bönnen,Gerold: Dom und Stadt – Zu den Beziehungen zwischen der Stadtgemein-

de und der Bischofskirche im mittelalterlichen Worms. In: Der Wormsgau Bd. 17 (1998), S. 8–55.

Boshof, Egon: Ottonen- und frühe Salierzeit (919–1056). In: Rheinische Geschichte. Hrsg. v. Franz Petri und Georg Droege. Bd. 1,3. Düsseldorf 1983, S. 5–10.

Bosl, Karl: Die Reichsministerialität der Salier und Staufer. Ein Beitrag zur Geschichte des hochmittelalterlichen deutschen Volkes, Staates und Reiches (= Schriften der MGH 10). Stuttgart 1950.

Brackert, Helmut: Beiträge zur Handschriftenkritik des Nibelungenliedes. Berlin 1963 (= Quellen und Forschungen zur Sprach- und Kulturgeschichte der germanischen Völker. N. F. 11).

Breuer, Dieter und Breuer, Jürgen : Mit spaeher rede. Politische Geschichte im Nibelungenlied, München ²1996

Bumke, Joachim: Die vier Fassungen der Nibelungenklage Untersuchungen zur Überlieferungsgeschichte und Textkritik der höfischen Epik im 13. Jahrhundert (Quellen und Forschungen zur Literatur- und Kulturgeschichte, hrsg. v. Ernst Osterkamp und Werner Röcke, 8). Berlin, New York 1996.

Bumke, Joachim: Mäzene im Mittelalter. Die Gönner und Auftraggeber der höfischen Literatur in Deutschland 1150–1300, München 1979.

Decker-Hauff, Hansmartin: Das Staufische Haus. In: Die Zeit der Staufer, Geschichte – Kunst – Kultur. Katalog der Ausstellung. Hrsg. v. Württembergischen Landesmuseum Stuttgart, Stuttgart 1977. Bd. 3, Aufsätze, S. 339–374.

Die Zeit der Staufer. Geschichte – Kunst – Kultur. Katalog der Ausstellung. Hrsg. v. Württembergischen Landesmuseum Stuttgart, Bd. 1–4. Stuttgart 1977.

Drös, Harald: Wappen und Stand. In: Codex Manesse. Katalog zur Ausstellung vom 12. Juni bis 2. Oktober 1988, Universitätsbibliothek Heidelberg. Hrsg. v. Elmar Mittler und Wilfried Werner. Heidelberg o.J., S. 127–157.

Ewig, Eugen: Die Merowinger und das Frankenreich, Stuttgart – Berlin – Köln, 2. Aufl. 1993.

Fleckenstein, Josef: Die Hofkapelle der deutschen Könige. 1. Teil: Grundlegung. Die karolingische Hofkapelle (Schriften der MGh 16/1). Stuttgart 1959.

Förstemann, Ernst: Altdeutsches Namenbuch, Hrsg. Herrmann Jellinghaus. Bd. II. München 1967.

Fourquet, Jean: Das Nibelungenlied – ein Burgondenlied? In: Nibelungenlied und Klage. Ursprung – Funktion – Bedeutung, Symposium Kloster Andechs 1995 mit Nachträgen bis 1998, hrsg. v. Dietz-Rüdiger Moser u. Marianne Sammer, München 1998 (Beibände zur Zeitschrift „Literatur in Bayern" Bd. 2)., S. 67–73.

Fuhrmann, Horst: Deutsche Geschichte im hohen Mittelalter von der Mitte des 11. bis zum Ende des 12. Jahrhunderts. Göttingen 1978.

Friedmann, Andreas Urban: Das Bistum von der Römerzeit bis ins hohe Mittelalter. In: Das Bistum Worms. Von der Römerzeit bis zur Auflösung 1801, hrsg. v. Friedhelm Jürgensmeier (Beiträge zur Mainzer Kirchengeschichte, hrsg. v. Friedhelm Jürgensmeier, 5. Bd.), S. 13–43.

Ganshof, Francois Louis: Charlemagne et les institutions de la monarchie Franque. In: Karl der Große – Lebenswerk und Nachleben. Bd. 1, Hrsg. v. H. Beumann. Düsseldorf 1965, S. 349–393.

Geary, Patrick J.: Die Merowinger. Europa vor Karl dem Großen. Aus dem Englischen von Ursula Scholz, München 1996.

Graf, Klaus: Literatur als Hausüberlieferung? In: Literarische Interessensbildung im Mittelalter. Hrsg. v. Joachim Heinzle, Stuttgart 1983 (= Germanistische Symposien, Berichtsband 14), S. 126–144.

Grimme, Ernst Günther: Das Bildprogramm des Aachener Karlsschreins. In: Hans Müllejans (Hrsg.): Karl der Große und sein Schrein in Aachen. Eine Festschrift. Mönchengladbach 1988, S. 124–135

Großer historischer Weltatlas. 2. Teil, Mittelalter. Bayer. Schulbuchverlag.

Hegener, Eckhard: Studien zur „zweiten Sprache" in der religiösen Lyrik des zwölften Jahrhunderts. Adam von St. Victor, Walter von Châtillon (Beihefte zum „Mittellateinischen Jahrbuch", hrsg. v. Karl Langosch, 6). Ratingen, Wuppertal, Kastellaun 1971.

Heintze, Michael: König, Held und Sippe. Untersuchungen zur Chanson de geste des 13. und 14. Jahrhunderts und ihrer Zyklenbildung (Studia Romanica, hrsg. v. Kurt Baldinger, Klaus Heitmann, Ulrich Mölk. 76. Heft). Heidelberg 1991.

Heinzle, Joachim: Das Nibelungenlied. Eine Einführung. München u. Zürich 1987.

Heusler, Andreas: Nibelungensage und Nibelungenlied. Die Stoffgeschichte des deutschen Heldenepos dargestellt. Dortmund 1921.

Hiestand, Rudolf: „praecipua tocius christianismi columpna" – Barbarossa und der Kreuzzug. In: Friedrich Barbarossa. Handlungsspielräume und Wirkungsweisen des staufischen Kaisers (Vorträge und Forschungen, hrsg. vom Konstanzer Arbeitskreis für mittelalterliche Geschichte, Bd. XL), S. 51–108.

Hlawitschka, Eduard: Die Vorfahren Karls des Großen. In: Karl der Große – Lebenswerk und Nachleben. Bd. 1, Hrsg. v. H. Beumann. Düsseldorf 1965, S. 51–82.

Hoffmann, Werner: Bligger von Steinach als Dichter des Nibelungenliedes? Zu Peter Honeggers neuer These. In: Zeitschrift für Deutsche Philologie 112 (1993), S. 434–441.

Honegger, Peter: Bligger von Steinach als Verfasser und Rudolf von Montfort als Bearbeiter des Nibelungenliedes. In. Waz sider da geschach. American-German Studies on the Nibelungenlied. Text and Reception. Ed. by Werner Wunderlich and Ulrich Müller. Göppingen 1992, S. 9–54.

Hundsnurscher, Franz: Odenheim. In: Lexikon der deutschen Geschichte. Personen, Ereignisse, Institutionen. Stuttgart [2] 1983.

Jürgensmeier, Friedhelm: Das Bistum Mainz. Von der Römerzeit bis zum II. Vatikanischen Konzil (Beiträge zur Mainzer Kirchengeschichte Bd. 2), Frankfurt a. M. 1988.

Keller, H.: Zwischen regionaler Begrenzung und universalem Horizont. Deutsch-

land im Imperium der Salier und Staufer 1024 bis 1250 (= Propyläen Geschichte Deutschlands 11). Frankfurt u. Berlin 1986.
Kolb, Herbert: Über den Epiker Bligger von Steinach. Zu Gottfrieds Tristan vv. 4691–4722. In: Dt. Vierteljahrsschrift f. Literatur-wissenschaft u. Geistesgeschichte 36 (1962), S. 507–520.
Kolb, Herbert: Artikel Bligger von Steinach. In: Die deutsche Literatur des Mittelalters. Verfasserlexikon. Hrsg. v. Kurt Ruh. Bd. 1. Berlin 1978.
Langendörfer, Friedrich: Die Landschaden von Steinach. (= Geschichtsblätter für den Landkreis Bergstr. Bd. 1) Heppenheim 1971.
Lechner, Karl: Die Babenberger. Markgrafen und Herzoge von Österreich 976–1246, 5. Aufl., Wien – Köln – Weimar 1994 (Veröffentlichungen des Instituts für österreichische Geschichtsforschung Bd. XXIII).
Levillain, L.: Les Nibelungen historiques et leurs alliances de famille. In: Annales du Midi. Hrsg. v. Edouard Privat und Henri Didier. Paris und Toulouse, Jg. XLIX, 1937, S. 337- 408, und 1938, S. 5–66.
Lexikon der deutschen Geschichte. Personen, Ereignisse, Institutionen. Hrsg. v. Gerhard Taddey. 2. Aufl., Stuttgart 1983.
Meuthen, Erich: Karl der Große – Barbarossa – Aachen. In: Karl der Große. Lebenswerk und Nachleben, hrsg. v. Wolfang Braunfels, Bd. IV: Das Nachleben, hrsg. v. Wolfgang Braunfels und Percy Ernst Schramm, Düsseldorf 1967, S. 54–76.
Ferdinand Magen: Gisela von Bayern. In: Lexikon der deutschen Geschichte. Personen, Ereignisse, Institutionen, von der Zeitwende bis zum Ausgang des 2. Weltkrieges, hrsg. v. Gerhard Taddey, 2. Aufl., Stuttgart 1983, S. 456.
Mayer, Hans Eberhard: Geschichte der Kreuzzüge, 7. Aufl., Stuttgart – Berlin – Köln 1989.
Mewes, Uwe: Urkundliche Bezeugungen der Minnesänger im 12. Jahrhundert am Beispiel Bliggers von Steinach. In: Literarische Interessenbildung im Mittelalter. Hrsg. v. Joachim Heinzle. Stuttgart 1993 (= Germanistische Symposien, Berichtsband 14), S. 75–105.
Möller, Walther und Krauß, Karl: Neckarsteinach, seine Herren, die Stadt und die Burgen, Mainz 1928 (Starkenburg in seiner Vergangenheit, hrsg. v. F. Behn, Bd. 4, Neckarsteinach)
Nagel, Bert: Das Nibelungenlied. Stoff – Form – Ethos. Frankfurt a. M. 1965, S. 18–26.
Opll, Ferdinand: Das Itinerar Kaiser Friedrich Barbarossas (1152–1190) (= Forschungen zur Kaiser- und Papstgeschichte des Mittelalters. Beihefte zu J.F. Böhmer, Regesta Imperii 1. Hrsg. von der Kommission für die Neubearbeitung der Regesta Imperii bei der Österreichischen Akademie der Wissenschaften und der deutschen Kommission für die Bearbeitung der Regesta Imperii). Wien, Köln, Graz 1978.
Panzer, Friedrich: Studien zum Nibelungenliede. Frankfurt a. M. 1945.
Panzer, Friedrich: Das Nibelungenlied. Entstehung und Gestalt. Stuttgart 1955.
Peeters, Joachim: Die internationalen Beziehungen des ersten Grafen von Holland.

Sagenhafte Elemente in der niederländischen Geschichtsschreibung des Mittelalters. In: Grenzgänge. Literatur und Kultur im Kontext. Festschrift Hans Pörnbacher. Hrsg. v. Guillaume van Gemert und Hans Ester. Amsterdam 1990, S. 2–32.

Peeters, Joachim: Siegfried von Niderlant und die Wikinger am Niederrhein. In: ZfdA 115 (1986), S. 1–21.

Périn, Patrick: Die Grabstätten der merowingischen Könige in Paris. In: Die Franken, Wegbereiter Europas, Bd. I, Mannheim 1996, S. 416–422.

Putzger: Historischer Weltatlas, Berlin 1979.

Quak, Arend: Siegfried und die niederländischen Wikinger. In: ZNA 116 (1987), S. 280–283.

Remling, Franz Xaver. Urkundliche Geschichte der ehemaligen Abteien und Klöster im jetzigen Rheinbayern. Bd. 1–2, Neustadt a. d. Haardt 1836.

Rupp, Heinz: Das Nibelungenlied – eine politische Dichtung? In: Wirkendes Wort 35 (1985), S. 106–176.

Schieffer, Rudolf: Die Karolinger, Stuttgart – Berlin – Köln 1992.

Schmidt, Berthold: Das Königreich der Thüringer und seine Eingliederung ins Frankenreich. In: Die Franken – Wegbereiter Europas. Ausstellungskatalog Reiss-Museum Bd. I, Mannheim 1996, S. 285 – 297.

Störmer, Wilhelm: Früher Adel. Studien zur politischen Führungsschicht im fränkisch-deutschen Reich vom 8. bis 11. Jahrhundert (= Monographien zur Geschichte des Mittelalters. In Verbindung mit Friedrich Prinz hrsg. von Karl Bosl, Bd. 6,1). Teil I, Stuttgart 1973.

Störmer, Wilhelm: Königtum und Kaisertum in der mittelhochdeutschen Literatur der Zeit Friedrich Barbarossas. In: Friedrich Barbarossa. Handlungsspielräume und Wirkungsweisen des staufischen Kaisers, hrsg. v. Alfred Haverkamp und Forschungen, hrsg. v. Konstanzer Arbeitskreis für mittelalterliche Geschichte, Bd. XL, S. 581–601.

Störmer, Wilhelm: Nibelungentradition als Hausüberlieferung in frühmittelalterlichen Adelsfamilien? Beobachtungen zu Nibelungennamen im 8./9. Jh. vornehmlich in Bayern. In: Nibelungenlied und Klage, Sage und Geschichte, Struktur und Gattung. Passauer Nibelungengespräche 1985. Hrsg.v. Fritz Peter Knapp. Heidelberg 1987, S. 1–20.

Thomas, Heinz: Die Staufer im Nibelungenlied. In: Zeitschrift für Deutsche Philologie 109 (1990), S. 321–354.

Töpfer, Bernhard: Kaiser Friedrich I. Barbarossa und der deutsche Reichsepiskopat. In: Friedrich Barbarossa. Handlungsspielräume und Wirkungsweisen des staufischen Kaisers (Vorträge und Forschungen, hrsg. vom Konstanzer Arbeitskreis für mittelalterliche Geschichte, Bd. XL), S. 389–433

Trillmich, Werner: Kaiser Konrad II. und seine Zeit. Hrsg. v. Otto Bardong, Bonn 1991.

Wenskus, Reinhard: Wie die Nibelungenüberlieferung nach Bayern kam. In: Z. f. Bayer. Landesgeschichte 36 (1973), S. 393–449.

Werner, Karl Ferdinand: Bedeutende Adelsfamilien im Reich Karls des Großen.

In: Karl der Große – Lebenswerk und Nachleben. Bd. 1, Hrsg. v. H. Beumann. Düsseldorf 1965, S. 83–142.
Wilson, David M.: Der Teppich von Bayeux. Frankfurt a.M. u. Berlin 1985.
Wolf, Alois: Die Verschriftlichung der Nibelungensage und die französich-deutschen Literaturbeziehungen im Mittelalter. In: Hohenemser Studien zum Nibelungenlied. Hrsg.v. Achim Masser. Dombirn 1981, S. 227–245.
Wolf, Alois: Nibelungenlied – Chanson de geste – höfischer Roman. Zur Problematik der Verschriftlichung der Nibelungensagen. In: Nibelungenlied und Klage, Sage und Geschichte, Struktur und Gattung. Passauer Nibelungengespräche 1985. Hrsg. v. Fritz Peter Knapp. Heidelberg 1987, S. 171–201.
Wolfram, Herwig: Einleitung zu: Die vier Bücher der Chroniken des sogenannten Fredegar (Quellen zur Geschichte des 7. und 8. Jahrhunderts (= Freiherr vom Stein-Gedichtnis-Ausgabe, Bd. IV a). 2. Aufl., Darmstadt 1994.
Wurster, Herbert W.: Das Nibelungenlied und das Bistum Passau unter Bischof Wolfger von Erfa (1191–1204). In: Nibelungenlied und Klage. Ursprung – Funktion – Bedeutung. Symposium Kloster Andechs 1995. Hrsg. v. Dietz Rudiger Moser und Marianne Sammer, München 1998, S. 265–360.
Wyss, Arthur: Abhandlung über die Schiffenberger stiftungsurkunden und fälschungen. In: Hessisches Urkundenbuch. 1. Abt., Urkundenbuch der Deutschordens-Ballei Hessen. Hrsg. v. Arthur Wyss (= Publicationen aus den K. Preußischen Staatsarchiven 3. Bd.). Stuttgart 1899, S. 408–498.
Zöllner, Erich: Ein Markgraf des karolingischen Ostens im französischen Epos? (Festschrift Rudolf Egger 2, Klagenfurt 1953), S. 377–387.

Fußnoten

1 Lex. Ma., 1120 f.
2 Brockhaus: Stichwort Germanistik
3 Joachim Bumke, Mäzene im Mittelalter, a.a.O.
4 L. Levillain: Les Nibelungen historiques, a.a.O.
5 Auch das umfangreiche Literaturverzeichnis von Joachim Bumke: Die vier Fassungen der ‚Nibelungenklage', a.a.O., berücksichtigt im Jahr 1996 die Arbeit des französischen Genealogen Levillain nicht. Die Scheuklappen gegenüber den Forschungen des Nachbarlandes sind in der Fachdisziplin noch nicht abgelegt.
6 H. Eberhard Mayer: Geschichte der Kreuzzüge, S. 114.
7 CL 158.
8 Die Ableitung von Walther Möller und Karl Krauß: Neckar steinach, seine Herren, die Stadt und die Burgen, S. 7; erweist sich als zu gewagt: „Blicger, Bligger bedeutet wahrscheinlich der blinkende oder blitzende Ger, der Blitzspeer."
9 MG. DD. reg. Franc. e stirpe Merow., hrsg. von K. Pertz, Nr. 66/S. 58.
10 E. Förstemann: Altdeutsches Namenbuch (Bd. I, Personennamen)
11 Vgl. das Namensregister in den Regesta Alsatiae I, S. 477 f.
12 CF, Register, S. 8.
13 LC Deutsch, Bd. VI, S. 22.
14 Cart. Flav. Nr. 24/S. 73–75.
15 MG. DD. reg. Franc. e stirpe Merow., hrsg. von K. Pertz, Nr. 6/S. 95 f. v. 2.3.714.
16 CF Nr. 214/S. 113.
17 CF Nr. 243/S. 125 f.
18 CF Nr. 328/S. 160.
19 CF Nr. 379/S. 171 f.
20 CF Nr. 428/S. 191.
21 LC 2734.
22 LC 428.
23 SpUB I, 89/S. 98 f.
24 Rudolf Schieffer: Die Karolinger, S. 11.
25 Eduard Hlawitschka: Die Vorfahren Karls des Großen, S. 52 f.
26 Fredegar IV 40.
27 UB Gorze Nr. 16/S. 38 f.
28 UB Gorze Nr. 21/S. 46 f.
29 Eduard Hlawitschka: Die Vorfahren Karls des Großen, S. 74 f. Die genaue Filiation des Hugubert, als Seneschall und Pfalzgraf und Vater Plektruds bezeugt, und des Bischofs Hugobert von Lüttich und dessen Sohn Florebert (927) sowie des späteren Pfalzgrafen Hugbert (927), um die sich Hlawitschka bemüht, ist für unsere Zwecke nicht notwendig, da uns die Zugehörigkeit dieser Persönlichkeiten zur Familie und zum Herrschaftsverband zunächst genügt.
30 Eduard Hlawitschka: Die Vorfahren Karls des Großen, S. 74.

31 MG. DD. reg. Franc. e stirpe Merow., hrsg. von K. Pertz, Nr. 66/S. 58 f. v. 28.2.693.
32 Rudolf Schieffer: Die Karolinger. Stuttgart, Berlin, Köln 1992, S. 28.
33 Ebd.
34 MG. DD. reg. Franc. e stirpe Merow., hrsg. von K. Pertz, Nr. 6/S. 95 f. v. 2.3.714.
35 Hlawitschka: Die Vorfahren Karls des Großen, S. 77.
36 Reg. AlS. Nr. 298/S. 186 f.
37 Hlawitschka: Die Vorfahren Karls des Großen, S. 55.
38 Fredegar, Continuationes 8/S. 282–283.
39 Vgl. Rudolf Schieffer, Die Karolinger, S. 36 f.
40 Fredegar, Continuationes 12/S. 284–285.
41 Vgl. Rudolf Schieffer, Die Karolinger, S. 42.
42 Karl Ferdinand Werner, Bedeutende Adelsfamilien im Reich Karls des Großen, S. 107.
43 Karl Ferdinand Werner, Bedeutende Adelsfamilien im Reich Karls des Großen, S. 109, Anm. 90.
44 Fredegar IV, 35.
45 Ebd.
46 Fredegar IV, 37: „In diesem Jahr wurde Bilichilde von Theudebert ermordet. Er nahm sich eine Magd namens Theudichilde zur Frau."par47 MG. DD. reg. Franc. e stirpe Merow., hrsg. von K. Pertz, Nr. 3/S. 92 f. v. 20.1.702.
48 MG. DD. reg. Franc. e stirpe Merow., hrsg. von K. Pertz, Nr. 82/S. 196 f. v. 20.10.704.
49 Bernard Bischoff: Panorama der Handschriftenüberlieferung aus der Zeit Karls des Großen, S. 236.
50 MG. DD. reg. Franc. e stirpe Merow., hrsg. von K. Pertz, Nr. 3/S. 211 f. v. 15.11.697.
51 Friedhelm Jürgensmeier: Das Bistum Mainz, S. 28.
52 Ebd.
53 Wolfram Becher: Im Schatten der Heiligen Bilhildis, S. 31.
54 Wolfram Becher: Im Schatten der Heiligen Bilhildis, S. 30 f.
55 LC 3326 vom 5.11.787.
56 Friedhelm Jürgensmeier: Das Bistum Mainz, S. 28.
57 Berthold Schmidt: Das Königreich der Thüringer, S. 290 ff.
58 MG. DD. reg. Franc. e stirpe Merow., hrsg. von K. Pertz, Nr. 3/S. 92 f. v. 20.1.702; Nr. 4/S. 93 f. v. 13.5.706; Nr. 5/S. 94 f. v. 13.5.706; Nr. 6/S. 95 f. v. 2.3.714.
59 Zu 718 Doll, Trad. Wiz. 227/S. 454; zu 766 Doll, Trad. Wiz. 103/S. 308 f.
60 UB Gorze 18/S. 42.
61 UB Gorze 16/S. 38.
62 LC 1087.
63 LC 3282.
64 LC 2588.
65 LC 1510.
66 LC 2734.
67 LC 2009.

68 LC 2121.
69 LC 2229.
70 LC 2310.
71 LC 1880.
72 LC 3014/3766.
73 Vgl. UB Gorze, 50/S. 90, 51/S. 90 (848), 57/S. 101 f.(856), 58/S. 103 (857) und 85/S. 154 (898).
74 UB Fulda, Stengel, 55/S. 90 ff. und 63/S. 110 f.
75 UB Fulda, Stengel, 215/S. 315 f. und 89/S. 164 f., letztere Urkunde von 779.
76 UB Fulda, Stengel, 263/S. 371 f.
77 CF 214/S. 113, 243/S. 125 f., 328/S. 160, 379/S. 171 f., 428/S. 191.
78 Zu Gorze: UB Gorze 50 und 51/S. 90 (848), 57/S. 101 f. (856), 58/S. 103 (857), 85/S. 154 (898), 87/S. 157–159 (910), 90/S. 164–167 (914) usw.; zu Lorsch LC 1733 (833), LC 428 (951).
79 Vgl. Francois Louis Ganshof: Charlemagne et les intitutions de la monarchie Franque, S. 378. Er bezieht sich auf Prou et Vidier: Recueil des chartes de Saint-Benoît-sur-Loire 1, Nr. XI.
80 Ebd.
81 Cart. Flav. Nr. 24/S. 73 ff.
82 Der Text in den Annales Bertiniani lautet: Sed alium missum fratris sui Hludwici nomine Blitgarium accipit, petentem, ut Karlomannum, filium eius, a restitio Winido desertum et a se fugatum, si ad illum venerit, non recipiat. (Quellen zur karolingischen Reichsgesch. 2.T), S. 118.
83 Vgl. Francois Louis Ganshof: Charlemagne, S. 355 ff.
84 Das Verbrüderungsbuch der Abtei Reichenau, a.a.O.
85 Patrick Périn: Die Grabstätten der merowingischen Könige in Paris, S. 418.
86 Eugen Ewig: Die Merowinger und das Frankenreich, S. 165 f.
87 MG. DD. reg. Franc. e stirpe Merow., Nr. 66/S. 58 f. v. 28.2.693.
88 Vgl. Patrick J. Geary: Die Merowinger, S. 197 f.
89 Recueil des Chartes de Saint-Germain- des-Prés, XXII, S. 35.
90 Das Hildebrandslied, Althochdeutsches Lesebuch, S. 84.
91 Vgl. Rudolf Schieffer, Die Karolinger, S. 187 - 228.
92 MGH DD Otto I., Nr. 289/S. 405.
93 MGH DD Heinrich III, Nr. 213/S. 283 ff.
94 MGH DD Heinrich IV. Nr. 116/S. 152 ff.
95 Böhmer, Reg.Imp. IV,1, Nr. 178/S. 111
96 Herwig Wolfram: Einleitung zu: Die vier Bücher der Chroniken des sogenannten Fredegar (Freiherr vom Stein-Gedächtnisausgabe IV a), S. 6.
97 Ebd. S. 8.
98 Fredegar, Continuationes 34/S. 301.
99 Herwig Wolfram: Einleitung zu: Die vier Bücher der Chroniken des sogenannten Fredegar (Freiherr vom Stein-Gedächtnisausgabe IV a), S. 9.
100 L. Levillain: Les Nibelungen historiques, a.a.O.
101 Herwig Wolfram: Einleitung zu: Die vier Bücher der Chroniken des sogenannten Fredegar (Freiherr vom Stein-Gedächtnisausgabe IV a), S. 12 f.
102 Jean Fourquet, Das Nibelungenlied – ein Burgondenlied, S. 73.

103 Vgl. Laetitia Boehm: Geschichte Burgunds, S. 103–122.
104 Vgl. Karl Lechner: Die Babenberger, S. 26–29.
105 Die Zeit der Staufer, Bd. IV, Karten III und IV.
106 Vgl. Ferdinand Opll: Das Itinerar Kaiser Friedrich Barbarossas (1152–1190), Karte 1 im Anhang.
107 Bischof Otto von Freising und Rahewin: Die Taten Friedrichs, S. 377 f.
108 Zur Domweihe zuletzt mit der Nennung der einschlägigen Literatur Gerold Bönnen: Dom und Stadt, S. 14.
109 Die Silberkammer befindet sich im Nordostbereich zwischen Turm und Querschiff. Vgl. Dieter Breuer und Jürgen Breuer: Mit spaeher rede, S. 69.
110 Vgl. z.B. Böhmer, Reg. Imp. IV, 3, Nr. 83a/S. 38 zum Jahr 1189.
111 Siehe Karte, S. 76; Karl Bertau: Deutsche Literatur im europäischen Mittelalter, Bd.I, München 1972, S. 685.
112 Vgl. Dieter Breuer / Jürgen Breuer: Mit spaeher rede, S. 191.
113 Hans Eberhard Mayer: Geschichte der Kreuzzüge, S. 107–113 u. 116–119 (Amelrich I.) sowie 211–213 u. 218–220 (Amelrich II.).
114 Vgl. Friedrich Panzer: Studien zum Nibelungenliede. bes. S. 95–99 (Kaiser Friedrich I. in Gran). – Heinz Thomas: Die Staufer im Nibelungenlied, S. 321–354. – Joachim Peters: Siegfried von Niderlant und die Wikinger am Niederrhein, a.a.O.; Arend Quak: Siegfried und die niederländischen Wikinger, a.a.O.
115 Vgl. Heinz Rupp: Das Nibelungenlied – eine politische Dichtung? a.a.O.
116 Vgl. Helmut Beumann: Grab und Thron Karls des Großen zu Aachen, S. 9–38; – Erich Meuthen: Karl der Große – Barbarossa – Aachen, S. 54–76.
117 Siehe die Bildgestaltung S. 71; auf dem Rumpf Kaiser Karls sitzt der Kopf Friedrich Barbarossas, der sonst im Bildprogramm des Karlsschreins nicht gewürdigt wird. – Ernst Günther Grimme: Das Bildprogramm des Aachener Karlsschreins, S. 124.
118 Friedrich Zorn berichtet: Es hat aber carolus magnus die zeit seiner regierung an keinem ort seine kaiserliche hofhaltung lieber gehabt dann eben allhie zu Worms. denn man lieset, daß er in keiner stadt, so oft er für krieg und geschäften des reichs solches zu wegen hat können bringen (dann dasmals die kaiser im reich umher gezogen und nicht an einem ort stätige hofhaltung gehabt), mehr gewesen und länger gewohnet hat denn in dieser stadt (…) (Wormser Chronik von Friedrich Zorn, S. 24).
119 Vgl. Michael Heintze: König, Held und Sippe, a.a.O.
120 Das Rolandslied des Pfaffen Konrad, V. 9022 f. (S. 317): pardaz buoch hiz er (Heinrich der Löwe) vor tragen, gescriben ze den Karlingen.
121 Wilhelm Störmer nimmt an, daß das deutsche Rolandslied „in den unmittelbaren Kontext der Heiligsprechung Karls des Großen gehört und demnach in den Zeitraum um 1165 zu datieren wäre". Neben dem Rolandslied weist Störmer ebenso die Epen Herzog Ernst und König Rother als politische Dichtung mit historischen Zeitbezügen aus: „Die drei Epen darf man als repräsentativ für die ‚Ideologie' des Reiches in der vorhöfischen Epik ansehen, zumal es die einzigen Großdichtungen der Zeit Friedrich Barbarossas sind, die zentrale Anliegen dieses Reiches zu ihrem Thema machen."

(Wilhelm Störmer: Königtum und Kaisertum in der mittelhochdeutschen Literatur der Zeit Friedrich Barbarossas, S. 597. Das Nibelungenlied setzt formal diese Tradition der politischen Dichtung fort, inhaltlich allerdings ist die Idealisierung der Herrscherfiguren aufgehoben.
122 Zum Krönungsakt vgl. u.a. Rudolf Schieffer: Die Karolinger, S. 59 f.
123 Vgl. Die Inschriften der Stadt Worms, S. 21 f.
124 Vgl. Gerold Bönnen, Dom und Stadt, S. 14 ff. – Andreas Urban Friedmann: Das Bistum von der Römerzeit bis ins hohe Mittelalter, S. 35 ff.
125 Der Versuch des Juristen Peter Honegger, Bligger als Nibelungenlieddichter zu identifizieren (Peter Honegger: Bligger von Steinach als Verfasser und Rudolf von Montfort als Bearbeiter des Nibelungenlieds), konnte allzu leicht von seinem Rezensenten Werner Hoffmann: Bligger von Steinach als Dichter des Nibelungenliedes? Zu Peter Honeggers neuer These, als „Produkt eines Dilettantismus im pejorativen Wortsinn" abgetan werden. Die Bermerkung: „Es ist keine Frage, daß sich Honegger sich in den historischen Zeugnissen über die Steinacher gut auskennt", kennzeichnet die Hilflosigkeit des Rezensenten in der Einschätzung der Urkundenlage. Dieselben Unsicherheiten, durch die sich der Nicht-Historiker Honegger zu Mutmaßungen, z.B. der möglichen Autorenschaft Bliggers III. von Harfenberg, verleiten läßt, hat Uwe Mewes: Urkundliche Bezeugungen der Minnesänger im 12. Jahrhundert am Beispiel Bliggers von Steinach, weitgehend ausgeräumt, seinem „historischen" Ansatz, die Beurkundungen des Dichters in Regestenform zu erfassen, fehlt jedoch die letzte Konsequenz der Zuordnung der urkundenden Personengruppen.
126 CA Gorze, Nr. 18/S. 41 f.
127 CA Gorze, Nr. 16/S. 38 f.
128 CA Gorze, Nr. 8/S. 18 ff.
129 CA Gorze, Nr. 162/S. 287 f.
130 LC 2734.
131 LC 1822.
132 Codex Manesse., S. 18.
133 WUB I, Nr. 72/S. 59.
134 Winkelmann, Eduard: Acta Imperii Nr. 31/S. 21.
135 Vgl. hierzu z.B. Bertau, Deutsche Literatur I, S. 745.
136 Bligger besitzt aus seiner hochadeligen Herkunft die beiden Eigenschaften, die bereits im Wessobrunner Gebet erfleht werden: uuistóm enti spahida, Volker im Lied besitzt nur die zweite Eigenschaft. (Das Wessobrunner Gebet. Althochdeutsches Lesebuch, S. 85 f.)
137 Vgl. Eckhard Hegener: Studien zur „zweiten Sprache", a.a.O., und Hans Bayer: Hartmann von Aue, a.a.O.
138 Herbert W. Wurster: Das Nibelungenlied und das Bistum Passau unter Bischof Wolfger von Erla (1191–1204), a.a.O.
139 Helmut Brackert: Das Nibelungenlied 1. Teil, S. 288.
140 Karl Lechner: Die Babenberger, S. 27.
141 Vgl. Josef Fleckenstein: Die Hofkapelle der deutschen Könige, I. Teil, S. 201 ff.

142 Ebd. S. 201: „Der clericus regis (suus) Nithard, der Besitz des Klosters Niedernburg von der Königin Oda zu Lehen hatte, war möglicherweise der Kapellan der Königin." par143 Ferdinand Magen: Gisela von Bayern. Lexikon der deutschen Geschichte S. 456.
144 Böhmer, Reg. Imp. IV, 3, Nr. 285/S. 116.
145 Josef Fleckenstein: Die Hofkapelle der deutschen Könige, I. Teil, S. 201.
146 Hans Eberhard Mayer: Geschichte der Kreuzzüge, S. 95–99.
147 Vgl. Karl Lechner: Die Babenberger, S. 139.
148 Vgl. Hansmartin Decker-Hauf: Das Staufische Haus, S. 346 f.
149 Hans Eberhard Mayer: Geschichte der Kreuzzüge, S. 128 f.
150 Rudolf Hiestand: Barbarossa und der Kreuzzug, S. 67.
151 Vgl. Bernhard Töpfer: Kaiser Friedrich I. Barbarossa und der deutsche Reichsepiskopat, S. 399 f.
152 Die Taten Friedrichs (Gesta Frederici), IV, 14 (S. 539).
153 WUB I, Nr. 68/S. 57.
154 WUB I, S. 717; vgl. Schannat II, Nr. 80/S. 74.
155 WUB I, Nr. 76, 77 und 78/S. 62 f.
156 UB Gorze, Nr. 162/S. 287
157 Fuchs: Die Inschriften der Stadt Worms, S. 21 f.
158 Vgl. WUB I, Register S. 456.
159 Böhmer, Reg.Imp. IV,1, Nr. 308/S. 125 f.
160 Böhmer, Reg.Imp. IV,1, Nr. 306/S. 125.
161 Cart. Apt, Nr. 37/S. 151–153.
162 Cart. Apt, Nr. 42/S. 161–165.
163 Böhmer, Reg.Imp. IV,1, Nr. 13/S. 12 f.
164 Böhmer, Reg.Imp. IV,1, Nr. 352/S. 144.
165 Zitiert nach Joachim Bumke, Mäzene im Mittelalter, S. 149. Dort auch die Quellenbelege zum Originaltext.
166 Joachim Bumke, Mäzene im Mittelalter, S. 150.
167 Joachim Bumke, Mäzene im Mittelalter, S. 149.
168 Werner Trillmich, Kaiser Konrad II., S. 448.
169 Karl Lechner, Die Babenberger S. 139.
170 Die Zeit der Staufer III, S. 356.
171 Hans Eberhard Mayer, Geschichte der Kreuzzüge, S. 133 ff.
172 Böhmer, Reg.Imp. IV, 3, Register S. 174.
173 Vgl. Karl Bertau, Deutsche Literatur II, S. 791.
174 Ebd. S. 793.
175 Arthur Wyss, Schiffenberger Urkunden, S. 471–483.
176 Reg. Imp. IV, 3, Nr. 285/S. 116.
177 Reg. Imp. IV,3, Nr. 283/S. 115 und Nr. 286/S. 116 f.
178 Vgl. Hansmartin Decker-Hauff: Das staufische Haus, S. 340.
179 Joachim Bumke, Mäzene, S. 92 f.
180 Joachim Bumke, Mäzene, S. 93.
181 Hist. exped. Frid. I / MgH SS rer. Germ. NS V, S. 97.
182 Böhmer, Reg. Imp. IV, 3, Nr. 285/S. 116.
183 Reg. Imp.V, 1, S. 101.

184 Bumke, Mäzene, S. 149.
185 Trillmich, Kaiser Konrad II., Stammtafel S. 429 und S. 433.
186 Joachim Bumke: Die vier Fassungen der „Nibelungenklage", a.a.O.
187 Siehe Bild S. 79
188 Franz Hundsnurscher: Odenheim, S. 904.
189 LC 198, LC 220.
190 LC 321.
191 Reg. Imp. V, 1, Nr. 151; vgl. Karl Bertau, Deutsche Literatur im europäischen Mittelalter II, S. 963.